Bettina Domzalski

Mein BUCH zum Reinkritzeln und DAMPFABLASSEN

Mit GENIALEN Tipps!

planet girl

INHALTSVERZEICHNIS

Diese Sprüche findet ihr zum Downloaden im Buch oder auf www.thienemann-esslinger.de/dampfablassen

EINLEITUNG

Dieses Buch ist kein Ratgeber, wie du Problemen aus dem Weg gehen kannst oder streiten lernst, sondern es gibt dir Anregungen, wie du mit verzwickten Situationen mit Freundinnen, Jungs, Eltern, Geschwistern, Lehrern und mit dir selbst umgehst, sie bewältigst und aus ihnen wieder rauskommst.

Das Buch fordert dich auf, aktiv mitzumachen, deine Erfahrungen mitzuteilen und zu Konflikten Stellung zu nehmen. Du kannst deine Meinung äußern, ohne dass darüber geurteilt wird.

Das Buch kannst du benutzen, wenn du gerade Zoff hast oder auch zur Vorbeugung. Vielleicht hilft es sogar, einen Konflikt zu vermeiden, wenn du schon im Vorfeld über manche Dinge nachdenkst. Vielleicht kannst du dann deine Haltung besser verteidigen.

Du findest in diesem Buch viele Möglichkeiten, mal richtig Dampf abzulassen. Das braucht man, um den Kopf wieder frei zu bekommen. Und das erleichtert das Verstehen, Nachgeben und Versöhnen, denn denk dran:

Ich bin nicht faul.
Ich bin im
Energiesparmodus.
Download-Code

DER KAMPF MIT DEM ALLTAGS- UND FREIZEITSTRESS

Alle zerren an einem rum: Lehrer, Eltern, Geschwister und Freunde. Das Jahr hat 52 Wochen und davon sind gefühlte 100 Wochen Schule und nur 2 Wochen Ferien. Oft hat man keine Ahnung, wie man den Alltag in 24 Stunden unterbringen soll. Mädchen haben es besonders schwer, denn zu den üblichen Tagesaufgaben müssen sie noch die Zeit für aufwendige Kosmetik und ausdauernde Kommunikation aufbringen. Das sind locker 3 bis 4 Stunden am Tag, die Jungs und Erwachsene mit Chillen verbringen können. Zwischendurch soll man in der Schule 6 bis 8 Stunden aufmerksam sein, seine Hausaufgaben machen, zu Hause mithelfen und Kurse besuchen. Wenn man Pech hat, kommen Nachhilfe und Geschwisterhüten dazu.

Wo bleibt da die Zeit zum Chillen, zum Einfach-mal-nix-Tun, für Spaß und Freunde?

Was bist du für ein Alltagstyp? Ist bei dir alles straff organisiert oder lebst du in den Tag hinein? Liebst du Ordnung und Sauberkeit oder handelst du nach dem Motto:

Ordnung ist das halbe Leben. Ich lebe in der anderen Hälfte.

DIE UHR TICKT

Beschreibe deinen Tagesablauf!

* Wann klingelt dein Wecker? ....

* Wann stehst du dann auf? ....

* Wie lange brauchst du im Bad? ....

* Wie viel Zeit benötigst du für den Weg zur Schule (hin und zurück)? ....

* Wann fängt die Schule an? ....

* Wann ist die Schule aus? ....

* Um wie viel Uhr bist du zu Hause? ....

* Wie lange brauchst du für Schulaufgaben? ....

* Wie viel Zeit verbringst du mit Pflichten im Haushalt? ....

* Wie viele Stunden bist du nachmittags in Kursen? ....

* Wann gehst du ins Bett? ....

* Wie viele Stunden schläfst du in der Regel? ....

* Wie viel Zeit hast du täglich nur für dich? ....

Trage am besten in verschiedenen Farben in die 24-Stunden-Uhr ein, wie viele Stunden du täglich mit

* Schule
* Pflichten (Haushalt, Schularbeiten, Kurse)
* Chillen
* Schlafen

verbringst!

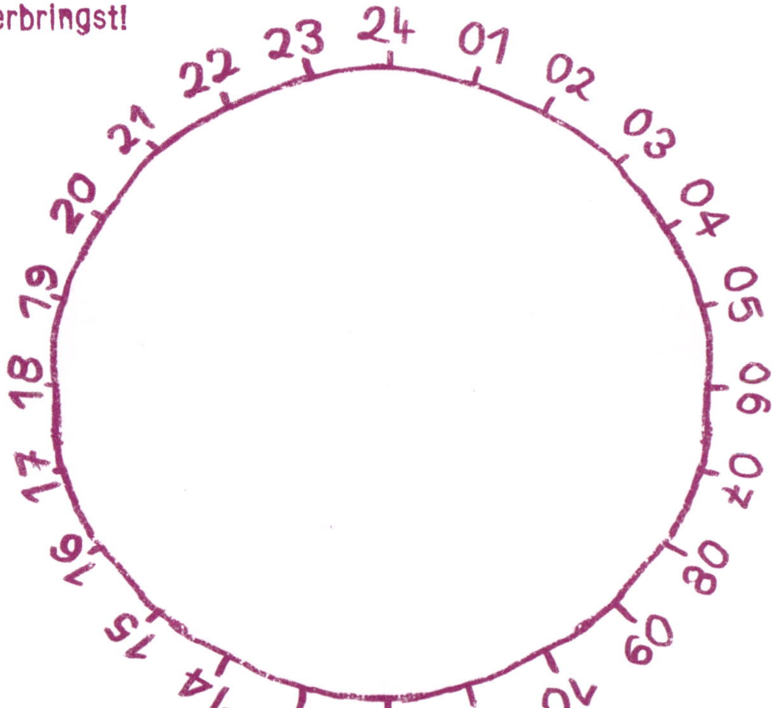

Kommst du klar mit diesem Ergebnis?

○ ist o.k. ○ auf keinen Fall ○ ich bin total überfordert

○ Daran kann ich sowieso nichts ändern

○ Ich brauche dringend Hilfe

So kannst du deine Zeit besser planen

An der Schulpflicht ist nicht zu rütteln und auch zu Hause wirst du in Zukunft Pflichten haben. Aber damit genügend Zeit für dich und deine Hobbys bleibt, kannst du lernen, deinen Tag besser einzuteilen.

* **Finde deine Zeitkiller!** Überlege, wie du lästige Arbeiten schneller und trotzdem zufriedenstellend erledigen kannst. Alle fünf Minuten checken, ob man etwas auf WhatsApp & Co. verpasst hat oder „nur mal kurz" mit den Freundinnen telefonieren – genau das führt dazu, dass alle Arbeiten noch länger dauern. Handle lieber nach dem Motto: erst die Arbeit, dann das Vergnügen – so angestaubt das klingen mag!

* **Was ist wirklich wichtig?** Um das herauszufinden, muss man spätestens in der Oberstufe damit anfangen, einen Kalender zu führen, in den man wichtige Arbeiten, Termine, Partys und Freizeitaktivitäten einträgt. Notiere dort, wann du für was lernen musst, aber auch, wann du dir Zeit nur für dich nimmst.

* **Lass mal los!** Wenn du merkst, dass du am Anschlag bist und deine Energie flöten geht, dann schwänz mal eine Klavierstunde, den Sportverein oder einen Shoppingnachmittag und erhol dich.

* **Alles eine Typfrage!** Ob du auf den letzten Drücker lernst oder vier Wochen vorher anfängst, ist eine Frage der Persönlichkeit. Es können durchaus kreative Arbeiten in der Nacht vor der Abgabe entstehen, aber man sollte dann unbedingt seine Arbeitsmaterialien parat haben.

* **Freizeitspaß vs. Freizeitstress.** Sind auf Dauer die Tage ewig lang und die Nächte viel zu schnell vorbei, dann musst du kürzer treten. Schau dir deine Hobbys und den Zeitaufwand dafür genau an und überlege, ob du eine der Tätigkeiten aufgeben solltest. Mach das lieber selbst, bevor deine Eltern ein Machtwort sprechen.

* **Einfach anfangen!** Alles hat seine Zeit, aber manchmal ist es genau richtig, JETZT zu sagen und anzufangen. Also, ihr Chillerinnen, raus aus dem Bett und legt los!

TATSACHEN!

Wähle aus jeder Zeile den Begriff aus, der auf dich zutrifft und schreibe ihn auf die nächste Seite!

Nachteule – Frühaufsteherin

Morgensonne – Morgenmuffel

pünktlich – unpünktlich

Faultier – Honigbiene

Erste-Reihe-Sitzerin – Letzte-Reihe-Versteckerin

Modemuffel – Fashionqueen

Mitarbeiterin – Zurückzieherin

durchorganisiert – in-den-Tag-lebend

Vorarbeiterin – Auf-den-letzten-Drücker-Macherin

Hinschauerin – Wegguckerin

Aktivia – Passivia

Steherin – Fliegerin

Anführerin – Mitläuferin

laute Musik – leise Töne

Mach einen roten Haken an die Beschreibungen, die dir gefallen, und einen schwarzen hinter die, die du gern ändern würdest!!

Bitte nicht stören.
Ich bin schon
gestört genug!

Entwirf Karten, die deiner Familie eindeutig sagen, dass du jetzt nicht gestört werden willst! Diese Schilder kannst du dann kopieren und an deine Zimmertür kleben!

Liebes Mathebuch,
bitte werde erwachsen
und löse deine
Probleme selbst.
Download-Code

MIT SCHULÄRGER UND LEHRERSTRESS BESSER UMGEHEN

Gegen Stress in der Schule oder mit Lehrern gibt es leider keine Wunderpillen.

Wenn du zu den Mädchen gehörst, die nicht gern zur Schule gehen, wird sich das wahrscheinlich auch nicht von heute auf morgen ändern. Aber wie alles im Leben ist auch die Schule eine Frage der Einstellung. An Schultagen, die gefüllt mit Arbeiten, Hassfächern und ungeliebten Lehrern sind, kann man sich einfach nur auf die Freundinnen und das Schulende freuen. An anderen Tagen gibt's vielleicht mal eine Überraschung, weil dich der Schulstoff interessiert, ein Lehrer dich lobt oder der Junge dich wahrnimmt, für den du heimlich schwärmst.

Wichtig ist, dass du Ärger und Probleme, die die Schule betreffen, nicht in dich reinfrisst. Wenn du das Gefühl hast, dass du dauerhaft ungerecht von Lehrern oder Mitschülern behandelt wirst, musst du dich wehren! Den alltäglichen Schulärger kannst du mit deinen Freunden teilen. Denen geht's wahrscheinlich genauso.

Und sie denken sicherlich auch:

„Die ganze Welt ist ein Irrenhaus und die Schule ist die Zentrale."

ALLES HAT ZWEI SEITEN

Mach eine Plus-Minus-Liste, was dir an der Schule gefällt und was nicht!

LEHRERZENSUREN

Spitze deinen Stift und gib deinen Lehrern Zensuren!

Unterrichtsfach	Name	Verhalten	Fachwissen	Gesamtnote

Datum, deine Unterschrift:

Der Blaue Brief

Schreibe einem Lehrer oder einer Lehrerin, den oder die du überhaupt nicht leiden kannst, einen Brief und verweise ihn oder sie von der Schule! Du wirst sehen, so kannst du deinem Ärger ein bisschen Luft machen!

Typische Sprüche deiner Lehrer, die du nie wieder hören willst!

DIE ÄRGERER DES TAGES

Male Fratzen von den Leuten, die dich heute in der Schule am meisten geärgert haben!

MAL OBEN AUF SEIN!

Gibt es einen Mitschüler oder eine Klassenkameradin, der oder die dich immer wieder ärgern? Dann schreib hier seinen oder ihren Namen auf, reiß die Seite raus und steck sie einen Tag lang in deinen Schuh. Wetten, dass dir das Auftrieb gibt?!

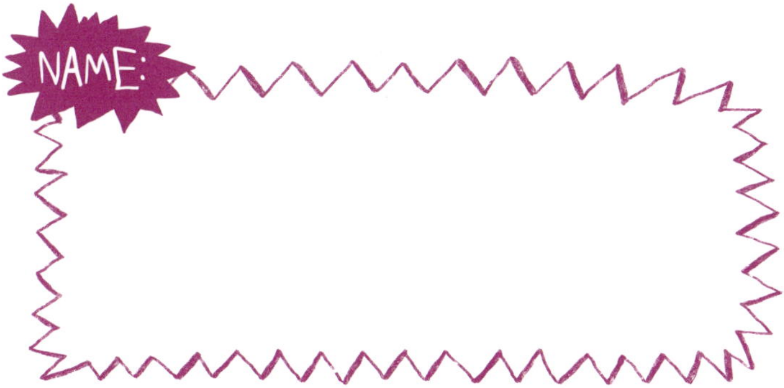

Seite rausreißen und ...
... ab in den Schuh!

DAS SCHULSTYLING

Wie lange brauchst du morgens für das Schulstyling?

○ Reicht die Zeit oder ○ musst du dich jeden Tag hetzen?

Ist es dir wichtig, jeden Tag wie aus dem Ei gepellt zur Schule zu gehen?

○ natürlich ○ überhaupt nicht ○ hängt von der Tagesstimmung ab

Dürfen deine Mitschüler und Lehrer anhand deines Stylings sehen, wie es dir heute geht?

○ ja, sie sollen sich auf mich einstellen

○ nein, das geht nur mich was an

○ Legst du dir abends Sachen zum Anziehen raus oder

○ entscheidest du das morgens spontan?

Was vergisst du eher einzupacken?

○ die Schminktasche oder ○ die Stiftetasche

Wie sieht deine Schultasche aus?

____

____

____

____

FÜR JUNGS

An manchen deutschen Schulen gibt es eine Schuluniform, die die Schüler selbst entwerfen durften.
Wie sieht deine Kreation aus?

FÜR MÄDCHEN

Wie man den „schönsten Ort der Welt“ besser verkraftet

Mit ein paar kleinen Tipps kann man die Schule ertragen:

* **Versuch nicht jeden Tag mit der Schule zu hadern.** Das macht den Gang dorthin nicht leichter. Überleg dir morgens eine Sache, die an diesem Tag ganz o.k. sein könnte.
* **Bist du eine Schulmuffeline,** dann belohne dich nach Schulschluss mit etwas Schönem.
* **So doof sich das anhört:** Der Unterricht geht echt schneller vorbei, wenn man wach ist und mitarbeitet.
* **Wirkliche Ungerechtigkeiten** musst du dir auch von Lehrern nicht gefallen lassen. Besprich sie mit deinen Mitschülern und geht gemeinsam zum Vertrauenslehrer.
* **Wenn Mitschüler dir das Leben zur Hölle machen,** vertrau dich deinen Freunden an oder hol dir Hilfe von Erwachsenen, beispielsweise vom Vertrauenslehrer oder von einem lieben Verwandten.
* **Schau selbst nicht weg,** wenn du Ungerechtigkeiten von Lehrern oder Mobbing an Mitschülern miterlebst.
* **Wenn dir Schule Spaß macht** und du gern lernst, lass dir das nicht von deinen Klassenkameraden ausreden. Es ist dein Leben!
* **Komm aus dem Knick und hole dir Hilfe,** wenn du in der Schule nicht mitkommst. Wenn du das rechtzeitig machst, kannst du Versäumtes nachholen. Denn nur wenn man sich nicht überfordert fühlt, kann der Unterricht überhaupt Spaß machen.
* **Versuch, in einem Fach zu glänzen,** damit die Lehrer sehen, was du kannst.
* **Ganz wichtig:** Die erste Liebe lernt man oft in der Schule kennen.

EIN SCHÖNER TRAUM ...

Wenn du es dir aussuchen könntest, wie würde dein Stundenplan aussehen?

Beginn	Montag	Dienstag	Mittwoch	Donnerstag	Freitag
1. Stunde					
2. Stunde					
3. Stunde					
4. Stunde					
5. Stunde					
6. Stunde					

Pubertät ist,
wenn Eltern
anfangen, schwierig
zu werden.

Download-Code

ELTERN KANN MAN ES EINFACH SELTEN RECHT MACHEN

Geht's dir auch so: Egal, was du tust, Eltern geben immer ihren Senf dazu!

Macht man zu wenig für die Schule – meckern sie. Arbeitet man bis spät in die Nacht an den Hausaufgaben, haben sie Sorge, dass man nicht ausgeschlafen ist.

Fragt man sie, ob sie einen nachmittags zum Reiten fahren, sagen sie, man soll selbstständiger sein. Will man abends länger wegbleiben, kommt der Spruch, dass man noch zu jung ist.

Ist der Rock zu kurz, muss man sich umziehen. Ist er zu lang, sieht man aus wie ein Grufti.

Findet man Physik doof, soll man „gerade als Mädchen" Interesse für Technik haben. Aber Kochen muss man als Mädchen auch unbedingt können.

Am Frühstückstisch muss man sich mit seinen Eltern gut gelaunt unterhalten, aber mit seinen Freundinnen darf man nicht stundenlang quatschen.

So kurz vor dem Erwachsensein herrscht ein großes Missverhältnis der Interessen zwischen Kind und Eltern, und es gibt oft Streit. Das ist zwar in der Pubertät vollkommen normal, kann aber trotzdem nervig und verletzend sein. Übrigens nicht nur für die Teenager, auch für die Eltern.

Eltern wollen alles wissen, können bestimmen und verbieten, sind superpeinlich und mischen sich überall ein. Aber im besten Fall hören sie auch zu, helfen, trösten, haben Vertrauen und sind ein Fels in der Brandung, denn

Zwei Dinge sollen Kinder von ihren Eltern bekommen: Wurzeln und Flügel.
(J.W. v. Goethe)

FAMILIENAUFSTELLUNG

Male alle Mitglieder deiner Familie auf!

DU UND DEINE ELTERN

Wie ist das momentane Verhältnis zwischen dir und deinen Eltern?

○ hervorragend ○ normal ○ geht so
○ wechselhaft ○ miserabel

Fühlst du dich

○ grundlegend von deinen Eltern verstanden oder
○ total missverstanden?

Behandeln sie dich und deine Geschwister gleich?

○ immer ○ nie ○ oft nicht

Mit wem verträgst du dich besser?

○ Mutter ○ Vater ○ mit beiden gleich

Halten beide Elternteile im Streit

○ immer zusammen oder
○ hat jeder eine eigene Meinung zum Thema?

In welchen Situationen gehst du lieber

→ zur Mutter:	→ zum Vater:

IMMER DASSELBE

Schreibe auf, in welchen Situationen es mit deinen Eltern Streit gibt!

ES GEHT ABER AUCH ANDERS

Was findest du gut an deinen Eltern?

MUTTER	VATER

STIMMUNGSBAROMETER

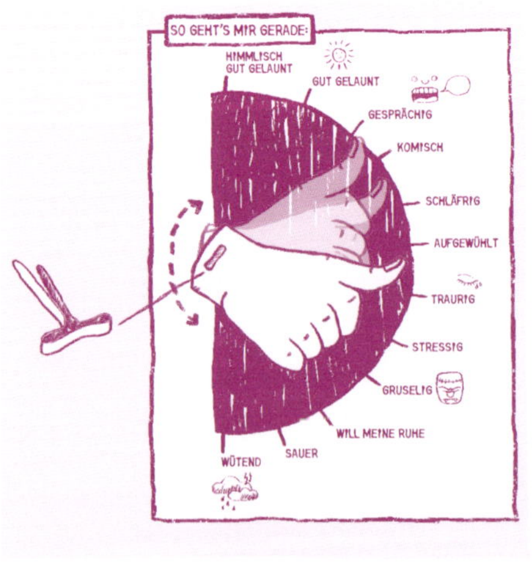

Manchmal will man nicht viel reden, aber die Eltern sollten trotzdem wissen, wie es dir geht. Kopiere die Vorlage, schneide die Schablone aus und klebe sie auf ein Stück Pappe. Befestige dann den Daumen mit einer Verschlussklammer daran und hänge dein Laune-Barometer an deine Zimmertür!

SO GEHT'S MIR GERADE:

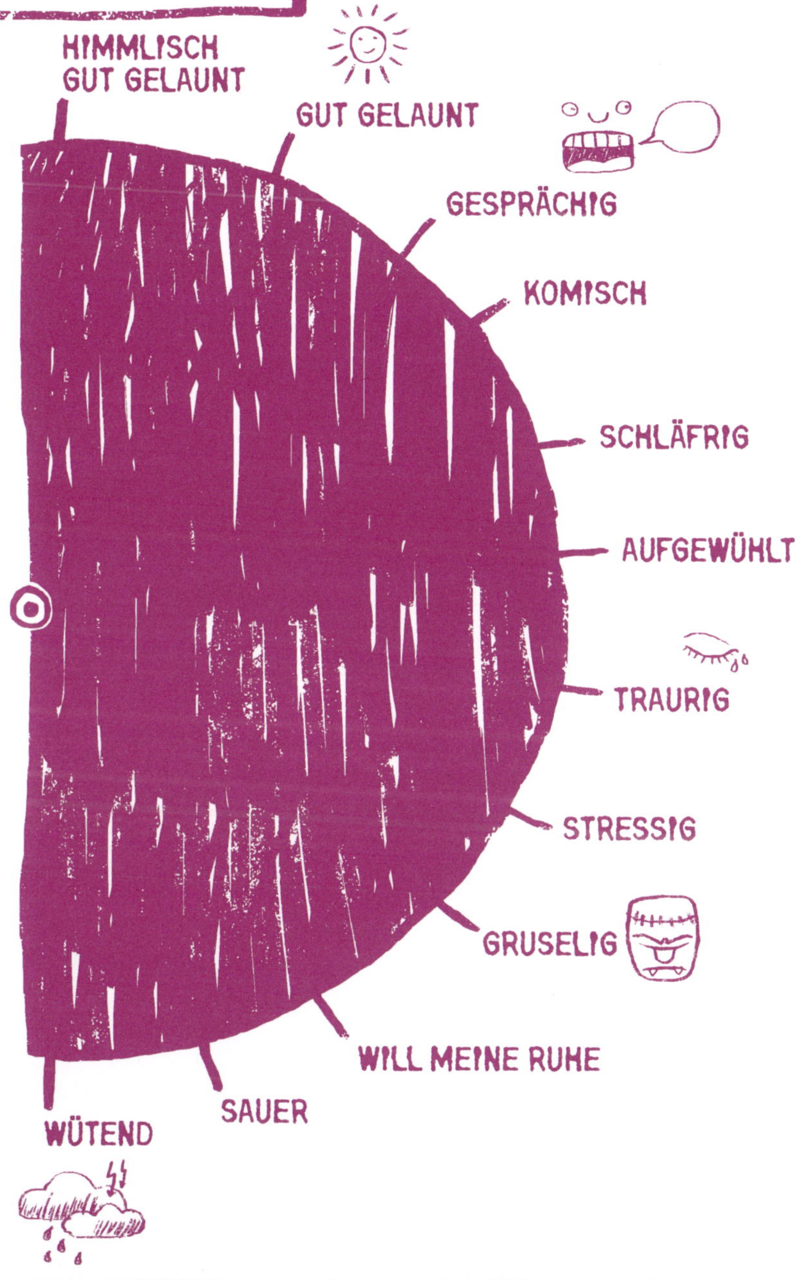

ELTERNFORT

Wie man alle Kinder in der Familie gleich behandelt!

Wie Eltern den Freund ihrer Tochter akzeptieren lernen!

Eltern müssen dann Zeit haben, wenn ihre Kinder sie brauchen!

Habt mehr Vertrauen zu euren Kindern!

Elternsein ist ein Job ohne Ausbildung und Studium. Kreise die Kurse ein, die deine Eltern unbedingt besuchen sollten, und schreibe fehlende dazu!

BILDUNG

Warum Mädchen anders ticken als Jungs!

Warum Kinder nicht immer reden wollen!

Mädchen werden nicht gleich schwanger, wenn sie kurze Röcke tragen!

Eltern, seid nicht immer peinlich!

FAMILIENMUSIK

Wer gibt in eurer Familie den Ton an? Wer rockt die Bude und wer ist Liebhaber der leisen Töne? Schreibe zu jedem Musikinstrument den Namen eines Familienmitgliedes!

Wie der Umgang mit den Eltern leichter wird

Als Teenager will man sich abgrenzen und eigene Wege suchen. Doch noch tragen deine Eltern die Verantwortung für das, was du tust (und nicht tust). Das ist kein leichter Job, aber Erwachsenwerden eben auch nicht. Beim Streiten darf es ruhig mal laut werden. Wenn es aber dauernd Streit gibt oder du unter dem häufigen Zoff leidest, dann gibt es hier ein paar Tipps, die dir helfen, besser damit umzugehen.

- **Besinn dich darauf,** was dich mit deinen Eltern verbindet und was ihr gemeinsam habt.
- **Rede mit deinen Eltern** in einer ruhigen Situation darüber, was dich generell stört. Nicht wenn ihr sowieso schon streitet.
- **Schreibe deinen Eltern** einen Brief, wenn du dich nicht traust zu reden.
- **Nimm dir einen Punkt** der Kritik deiner Eltern zu Herzen und zeige ihnen, dass du verstehst, was sie meinen – auch wenn es schwerfällt.
- **Suche dir einen Zeitpunkt** in der Woche aus, an dem du bereit bist zu reden. Deine Eltern werden dafür dankbar sein und dich dann wieder zufriedenlassen.
- **Tausch dich mit deinen Freundinnen aus,** wie die Situation bei ihnen im Umgang mit den Eltern ist. Gemeinsam erträgt sich so manches leichter.
- **Nicht für jedes Problem** gibt es sofort eine Lösung und manchmal muss man als Teenager akzeptieren, dass Eltern am längeren Hebel sitzen.
- **Wenn du das Gefühl hast,** dass dich deine Eltern überhaupt nicht verstehen und nur an dir rumnörgeln, dann rede mit einer erwachsenen Vertrauensperson darüber. Vielleicht kann sie mit deinen Eltern reden und vermitteln.
- **Wenn du niemanden kennst,** der dir in einer ausweglosen Streitsituation hilft, wende dich an das Jugendamt oder an das Kindernotruftelefon. Dort kannst du auch anonym deinen Kummer loswerden.
- **Keiner bricht sich einen Zacken aus der Krone,** wenn er sich für böse Worte oder schlechtes Benehmen entschuldigt. Du nicht – und deine Eltern auch nicht.

WUNSCHBRIEF

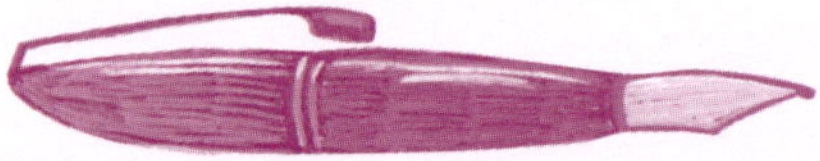

Manchmal ist es leichter, Dinge aufzuschreiben als sie laut zu sagen. Wenn deine Eltern etwas ändern sollen, schreibe ihnen einen Brief und teile ihnen mit, was du dir von ihnen wünschst. Wenn du nicht den Mut hast, den Brief zu übergeben, dann bewahre ihn auf und lies ihn, wenn du selbst Kinder hast.

Tausche Bruder gegen Einhorn!
Download-Code

WARUM GESCHWISTER MANCHMAL ECHT ANSTRENGEND SIND

Anders als die Freunde kann man sich Geschwister nicht aussuchen. Sie sind da, man hat sie meistens gern, aber manchmal könnte man auch ausrasten, weil sie einfach nur nerven. Dann wünscht man sich, Einzelkind zu sein. Streit unter Geschwistern ist so normal wie Konflikte mit Freunden. Laut einer wissenschaftlichen Studie streiten sich Vorschulkinder mindestens drei Mal die Stunde. Das ist später nicht viel anders. Jetzt streitet man sich nur nicht mehr um die Puppen oder Bausteine, sondern darum, wer länger im Bad ist, mehr Taschengeld bekommt oder von den Eltern bevorzugt wird. In diesen Kämpfen untereinander sind Geschwister Gegner. Im Streit mit den Eltern können Geschwister aber auch Verbündete sein. Je älter man wird, desto weniger werden in der Regel die Konflikte mit Geschwistern. Hat man ein einigermaßen harmonisches Familienleben gehabt, bleibt man sich als Erwachsene unter Geschwistern auch verbunden und lernt die Unterschiede in der Persönlichkeit zu schätzen. Schwierig wird es, wenn sich Eltern trennen, neue Partnerschaften und somit Patchworkfamilien entstehen. Stief- und Halbgeschwister können neue Probleme mit in die Familie bringen. Bei jedem Streit ist das Verhalten der Eltern wichtig. Kein Kind sollte bevorzugt, sondern nach seinen Bedürfnissen behandelt werden. Zum Glück haben in Deutschland Mädchen die gleichen Rechte und Chancen wie Jungs. Mädchen haben nicht automatisch das Kochen im Blut, brauchen nicht die üblichen Hausarbeiten allein zu verrichten und dürfen sich für Technik interessieren. Wenn man merkt, dass die Jungs in der Familie anders behandelt werden, muss dringend ein Gespräch mit den Eltern her.

Auch wenn es manchmal schwierig ist mit seinen jüngeren oder älteren Geschwistern:

Geschwister sind wie Musketiere: einer für alle und alle für einen!

EINS, ZWEI ODER MEHR?

Bist du

○ Einzelkind oder
○ hast du Geschwister? Wie viele? ....

Hast du

○ Halbgeschwister oder ○ Stiefgeschwister
und wenn ja, wie viele? ....

Bei wem leben diese?

○ in deiner Familie ○ bei Mama ○ bei Papa

Würdest du gern

○ keine Geschwister ○ mehr oder ○ weniger Geschwister haben?

Wünschst du dir

○ einen Bruder ○ eine Schwester ○ ist mir egal

Möchtest du gern

○ das älteste Kind ○ das jüngste Kind sein, oder
○ bist du mit deinem Platz in der Familie zufrieden?

Wenn du Geschwister hast,

mit wem verstehst du dich am besten? ....
Und mit wem ist es gerade etwas schwierig? ....

Behandeln deine Eltern alle Kinder gleich?

○ ja ○ nein ○ meistens

Worum streitet ihr Geschwister euch am häufigsten?

1 ....

2 ....

3 ....

4 ....

5 ....

In welchen Situationen haltet ihr zusammen?

1 ....

2 ....

3 ....

4 ....

5 ....

Möchtest du später Kinder haben?

○ nein ○ ja Wie viele? ....

DEIN PLATZ UNTER DEN GESCHWISTERN

Schreibe in der Reihenfolge der Geburten die Namen und das Geburtsjahr deiner Geschwister auf! Markiere deinen Namen in der Geschwisterriege rot!

NAME

JAHR

NAME

JAHR

NAME

JAHR

NAME

JAHR

WAS TRIFFT FÜR DICH EHER ZU?

Kreuze an, welche Feststellungen für dich eine größere Bedeutung haben:

○ Geschwister nerven!
○ Auf meine Geschwister möchte ich nicht verzichten.

○ Wir Kinder werden alle gleich behandelt.
○ Meine Eltern ziehen meinen Bruder/meine Schwester vor.

○ Brüder sind besser als Schwestern.
○ Schwestern sind besser als Brüder.

○ Jungs müssen zu Hause nicht helfen.
○ Alle Kinder helfen im Haushalt.

○ Für Einzelkinder haben Eltern mehr Zeit.
○ Als Einzelkind kann man sich nie vor seinen Eltern verstecken.

○ In der Großfamilie kann man leicht übersehen werden.
○ Bei vielen Geschwistern findet man immer jemanden, der einem hilft.

○ Ich habe nie meine Ruhe, weil mich meine Geschwister immer stören.
○ Bei uns ist zu Hause immer was los.

○ Das älteste Kind zu sein, ist am schönsten.
○ In der Mitte lebt es sich am besten.
○ Das Jüngste wird am meisten verwöhnt.

VON SCHWESTERN, BRÜDERN UND NERVENSÄGEN

Schreibe in die Tabelle die Namen deiner Geschwister und was du an ihnen magst und was dich stört!

NAME		

BENUTZEN VERBOTEN!

Kreuze die Dinge an, die für deine Geschwister streng verboten sind oder die du mit ihnen nicht teilen würdest!

Fallen dir noch mehr Dinge ein?

BRÜDERCHEN UND SCHWESTERCHEN

Verbinde mit einem Strich die Begriffe und Geschwisternamen, die zusammengehören! Die Lösung findest du am Ende des Buches.

Harry Potter:	Mary-Kate und Ashley Olsen
Märchen:	Poppy und Cara Delevigne
It-Girls:	Ron und Ginny Weasley
Schauspielerinnen:	Lasse und Lisa
Prinzen:	William und Harry
Vampire:	Victoria und Madeleine
Bullerbü:	Paris und Nicky Hilton
Tokio Hotel:	Emmett und Jasper Cullen
Prinzessinnen:	Brüderchen und Schwesterchen
Models:	Bill und Tom Kaulitz

So hält man Geschwisterzoff besser aus

Streit unter Geschwistern gibt es in jeder Familie und ist das Normalste der Welt. Wenn dich das Gezanke aber zu sehr nervt, gibt es ein paar Regeln, die du, deine Geschwister, aber auch deine Eltern lernen können, damit es friedlicher zwischen euch zugeht.

* **Kinder müssen von ihren Eltern nicht gleich,** sondern nach ihren Bedürfnissen behandelt werden. Das heißt, wenn es einem Kind schlecht geht, braucht es mehr Aufmerksamkeit und Zeit als die anderen – ganz unabhängig von seinem Alter.
* **Was dir gehört,** gehört dir, und du musst es nicht deinen Geschwistern zur Verfügung stellen. Schon gar nicht ohne deine Erlaubnis. Das gilt andersrum allerdings auch!
* **Teilen zu können,** ist eine gute Eigenschaft unter Geschwistern.
* **Jeder braucht mal Zeit für sich.** Das müssen besonders kleinere Geschwister lernen.
* **Auch wenn du Geschwister hast,** brauchst du eigene Freunde, die nur für dich da sind.
* **Aufgaben im Haushalt** müssen nicht nur Mädchen erledigen. Genauso wie Fahrradschläuche reparieren und Lampen eindrehen keine reinen Jungensachen sind.
* **Wenn ein Streit beendet ist,** sollte man gemeinsam Zeit verbringen. So sind böse Worte schnell vergessen.
* **Geheimnisse unter Geschwistern** müssen vertraulich bleiben. Nur in Notsituationen darf man sie den Eltern verraten.

DAS IST UNSER GEHEIMNIS

Schreibe auf, welche Geheimnisse
ihr Geschwister miteinander teilt!

GESCHWISTERLIEBE

Male ein Erlebnis mit deinen Geschwistern, an das du dich gern erinnerst, oder schreibe die Geschichte auf!

Wirklich hinter dir steht, wer sich auch mal vor dich stellt!
STOP
Download-Code

VOM STREIT MIT FREUNDEN

Echte Freundinnen und Freunde zu haben, ist lebenswichtig. Wenn man Teenager ist, gibt es viele Dinge, die man nicht mehr zu Hause klären will. Umso wichtiger ist die Clique, mit der man viel Zeit verbringt und in der man sich ernst genommen und wohlfühlt. Die wichtigste Rolle spielt jedoch die beste Freundin, mit der man gemeinsame Interessen hat und Geheimnisse teilt.

Leider gibt's auch mit den besten Freunden ab und zu Ärger. Und Zoff mit der besten Freundin geht meist mitten ins Herz. Aber Streit gehört zum Leben. Es ist wichtig, Meinungsverschiedenheiten auszutragen. Es gehört viel Kraft dazu, unterschiedliche Ansichten auszuhalten, sie zu diskutieren und seine Meinung zu vertreten. Genauso anstrengend ist es, nach einem Streit auf den anderen zuzugehen, einen Kompromiss zu finden oder nachzugeben und – ganz wichtig! – sich zu versöhnen. Je öfter man streitet, umso mehr übt man sich darin. Wirkliche Freunde erkennt man daran, dass sie zu einem halten, wenn man selbst einen Fehler gemacht hat. Oder daran, dass sie eigene Interessen zurückstecken, um zu dir als Freundin zu stehen und auf dich zuzugehen, denn:

Freunde sind die, die kommen, wenn alle anderen gehen.

WAS IST DIR FREUNDSCHAFT WERT?

Wer gehört zu deinen engsten Freunden?

1 ....

2 ....

3 ....

4 ....

5 ....

6 ....

Wie heißt deine allerbeste Freundin?

♡ ....

Was ist besonders an deiner BFF?

....

....

....

....

Welche Eigenschaften sind dir an deinen Freunden am wichtigsten?

○ Ehrlichkeit ○ Humor ○ Vertrauen ○ gleiche Interessen

○ ....

Was könntest du deinen Freunden nicht verzeihen?

- ○ Unehrlichkeit
- ○ Lästern über dich
- ○ Geheimnisverrat
- ○ deinen Freund ausspannen
- ○ Eifersucht
- ○ alles besser wissen
- ○ deine Meinung nicht ernst nehmen
- ○ sich über dich lustig machen

Welcher Freundin oder welchem Freund vertraust du dich an, wenn du Probleme hast?

Hast du schon mal eine Freundschaft beendet, und wenn ja, warum?

Wurde dir schon mal eine Freundschaft gekündigt, und wenn ja, warum?

FREUNDE-ZOO

Male für jeden deiner Freunde und Freundinnen ein passendes Tier und schreibe den Namen darunter! Wer ist laut und kämpferisch wie ein Löwe, schnell wie ein Gepard, lustig wie ein Affe, passt sich an wie ein Chamäleon oder ist still wie ein Fisch?

ICH, DU, WIR

Trage in die Grafik ein, welche Gemeinsamkeiten und Unterschiede deine beste Freundin und du habt!

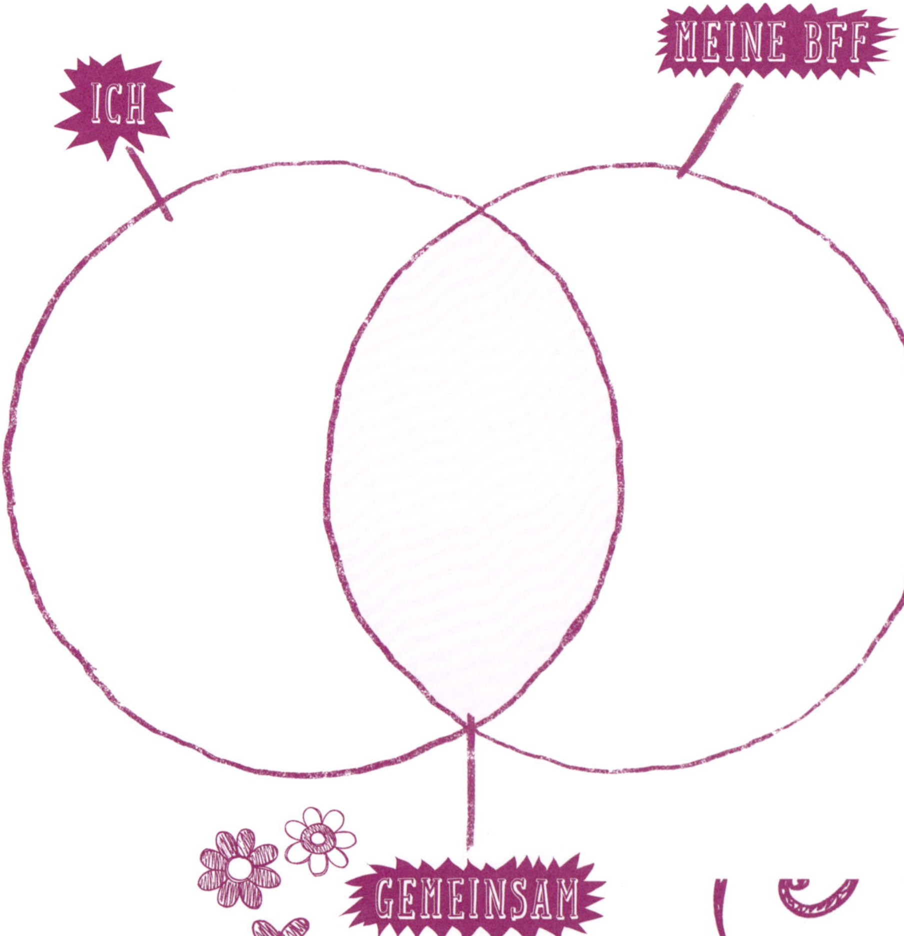

SEELENVERWANDTE

Was ist dir am wichtigsten an deiner BFF?

STREITPUNKTE

Kreuze die Punkte an, wegen denen du mit deiner BFF schon mal gestritten hast!

- ○ andere Freunde und Freundinnen
- ○ Aussehen
- ○ Eifersucht auf den Freund
- ○ Eltern der anderen
- ○ Fairness
- ○ Geld
- ○ Geschwister
- ○ Hobbys
- ○ Jungs allgemein
- ○ Lästereien
- ○ Misstrauen
- ○ Mode
- ○ Musikgeschmack
- ○ Politik
- ○ Religion
- ○ Unehrlichkeit
- ○ Unpünktlichkeit
- ○ Vertrauensbruch
- ○ Zensuren
- ○ zu wenig Zeit füreinander

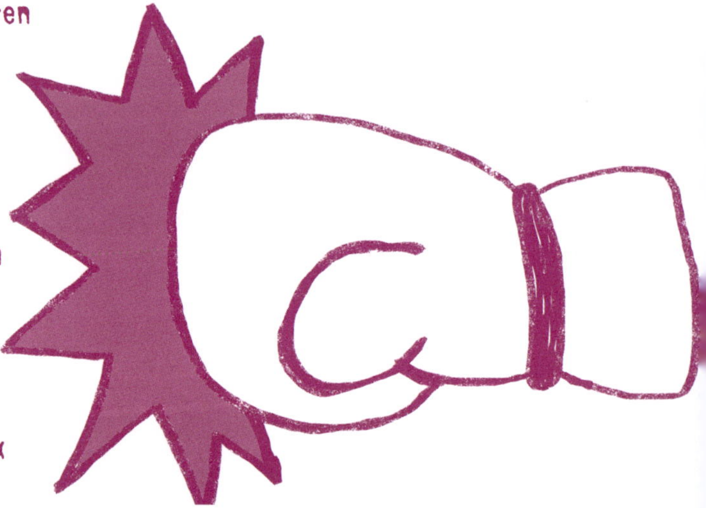

Notfalltipps beim Streit mit der BFF oder anderen Freunden

Wie mit allen anderen Menschen ist Streit unter Freunden etwas ganz Natürliches. Wichtig ist, dass die Gemeinsamkeiten überwiegen. Wenn man sich nur noch streitet, sollte man jedoch mal hinterfragen, was wirklich noch an dieser Freundschaft dran ist.

* **Legt nicht jede Meinungsverschiedenheit** auf die Goldwaage und denkt dran, dass ihr verschiedene Persönlichkeiten habt.
* **Macht euch nicht über das lustig,** was dem anderen richtig wichtig ist. Wenn man sich mag, muss man Dinge oder Eigenschaften tolerieren, die einem selbst fremd sind.
* **Wenn du so richtig Krach** mit deiner BFF hast, rede nicht hinter ihrem Rücken mit anderen darüber. Kläre die Ursache zuerst allein mit der Freundin. Später kannst du dir Rat bei anderen Leuten holen.
* **Verrate auch im größten Streit** keine Geheimnisse. Das ist ein schwer wiedergutzumachender Vertrauensbruch.
* **Rache zu nehmen,** ist ein sehr kurzer Genuss. Meist bereut man es später.
* **Bevor man einen** ausgewachsenen Beef mit Freunden klären kann, muss der Dampf raus. Also erst mal Abstand halten und etwas Zeit vergehen lassen.
* **Such dir Trost bei jemandem,** ohne die Freundin dabei in die Pfanne zu hauen.
* **Mit Meinungsverschiedenheiten** kann man besser umgehen, wenn man sich in einer ruhigen Minute in die Gegenposition versetzt – so gut das eben geht. Man muss das Verhalten trotzdem nicht akzeptieren, aber es hilft, den anderen ein wenig zu verstehen.
* **Wenn euch die Freundschaft** wichtig ist, dann geht nach einem Streit aufeinander zu. Der einen fällt das leichter, der anderen schwerer. Abzählen, wer jetzt dran wäre, hilft dabei nicht viel. Allerdings sollte ein ungefähres Gleichgewicht beim Aufeinanderzugehen bestehen. Sich Vertragen kann auch erlernt werden. Und denk daran: Der Klügere gibt nach ;-).

QUIZ 2

FREUNDSCHAFTSTEST

Teste, was dran ist an der Freundschaft mit deiner BFF! Kreuze immer eine Antwort an und zähle zum Schluss die Punkte hinter der gewählten Antwort zusammen. Die Auswertung findest du hinten im Buch.

1. Hast du eine oder mehrere beste Freundinnen?

- a. eine (5)
- b. zwei (3)
- c. mehrere (2)

2. Seit wann ist sie deine BFF (wähle eine deiner besten Freundinnen aus)?

- a. seit Kurzem (3)
- b. seit ein paar Jahren (5)
- c. seit der Grundschule (5)

3. Warum ist sie deine beste Freundin?

- a. Wir kennen uns schon so lange (2)
- b. Wir sind ein Herz und eine Seele (5)
- c. Wir sind sehr verschieden, aber Gegensätze ziehen sich an (5)

4. Habt ihr gerade eine gute Zeit miteinander?

- a. Ich weiß nicht so genau ... (2)
- b. Alles super (5)
- c. In den letzten Tagen nicht so gut (3)

5. Streitet ihr viel miteinander?

- a. nie (3)
- b. kommt schon mal vor (5)
- c. in letzter Zeit sehr viel (2)

6. Wenn du mal Streit mit anderen hast, zu wem würde deine BFF stehen?

- a. Zu dem, der im Recht ist (5)
- b. Sie gibt immer den anderen recht (2)
- c. Natürlich zu mir! (3)

7. Was bedeutet dir deine BFF?

- a. Sie ist das Wichtigste in meinem Leben (3)
- b. Lernen und mein Freund sind mir wichtiger als meine beste Freundin (2)
- c. Sie gehört zu den wichtigsten Menschen in meinem Leben (5)

8. **Was meinst du, was du deiner BFF bedeutest?**

- ○ a. Ich bin lebenswichtig für sie **(3)**
- ○ b. Ich bin ihr genauso wichtig wie sie mir **(5)**
- ○ c. Zurzeit bin ich ihr anscheinend nicht so wichtig **(2)**

9. **Habt ihr viele Gemeinsamkeiten?**

- ○ a. Wir sind uns superähnlich **(5)**
- ○ b. Eigentlich unterscheidet uns ziemlich viel **(2)**
- ○ c. Wir haben nur wenige gemeinsame Interessen, aber die zählen doppelt **(5)**

10. **Mit wem verbringst du die meiste freie Zeit?**

- ○ a. mit meiner BFF **(3)**
- ○ b. mit meiner BFF und anderen Freunden **(5)**
- ○ c. mit meinem Freund **(2)**

11. **Wer macht nach einem Streit den ersten Schritt zur Versöhnung?**

- ○ a. Immer ich **(2)**
- ○ b. Abwechselnd, auch wenn es schwerfällt **(5)**
- ○ c. Meist keine. Wir lassen Zeit verstreichen und reden später nicht mehr drüber **(2)**

Download-Code

VON LÄSTERSCHWESTERN UND LÄSTEROPFERN

Mal ehrlich, lästern tut doch jeder! Kein Mensch ist frei davon, in nicht ganz fairen Situationen, seine Meinung kundzutun. In der Gruppe lässt es sich wunderbar beobachten, austauschen, schwatzen, diskutieren, flüstern, simsen und WhatsAppen. Hier kann man seinem Frust auf andere freien Lauf lassen, seine Fachkenntnisse über Stil, Mode, Musik, Benehmen mitteilen und sein Insiderwissen, sprich vertrauliche Geheimnisse, unter dem Siegel der Verschwiegenheit preisgeben. Das ist alles menschlich und macht jeder mal.

Anders sieht es aus, wenn man einmal selbst Opfer einer Lästerattacke war. Erst recht, wenn das die eigenen Freundinnen hinter dem Rücken tun. Dann steht man ziemlich allein da, ist verletzt, schämt sich vielleicht für etwas, für das man sich gar nicht schämen müsste, und fühlt sich verraten und verkauft, denn von den eigenen Freundinnen hätte man das nicht erwartet und es tut sehr weh.

Wenn jemand über einen Dritten hinter dessen Rücken redet, kommt das meistens raus! Es gibt immer jemanden aus der Lästergruppe, der einem die Story brühwarm erzählt, um sein schlechtes Gewissen zu beruhigen oder weil er mit einer anderen Freundin ein Huhn zu rupfen hat. Noch schlimmer sind die Situationen, in denen man mitbekommt, wie über einen selbst gelästert wird. Die gehen direkt ins Herz.

Überleg mal, was du für ein Lästerschwestertyp bist, oder wann über dich gelästert wurde. Und nicht vergessen:

Wer mit dir über andere lästert, lästert auch mit anderen über dich.

WAS BIST DU FÜR EIN LÄSTERTYP?

Beschreibe deine Gefühle und kreuze die für dich zutreffenden Beschreibungen an!

- ○ Ich lästere nie.
- ○ Ich lästere nur, wenn es sich nicht vermeiden lässt.
- ○ Lästern gehört dazu.
- ○ Es kommt schon mal vor, dass ich lästere.
- ○ Ich fange nie mit dem Lästern an, bin aber in der Gruppe dabei.
- ○ Die sind doch selbst schuld, wenn ich über sie lästere.
- ○ Das ist doch alles wahr, was ich sage.
- ○ Ich würde das auch der- oder demjenigen ins Gesicht sagen, wenn sich eine Gelegenheit dazu bietet.
- ○ Ich tausch mich doch nur über Beobachtungen und Eindrücke mit anderen aus!

Über wen lästerst du mehr: ○ Jungen oder ○ Mädchen?

Wie lästern eigentlich Jungs?

....

....

....

....

....

WIE REAGIERST DU, WENN DU BEIM LÄSTERN ERWISCHT WIRST?

- ○ Ich bleib cool. Stimmt doch alles, was ich gesagt habe.
- ○ Ich möchte mich in einem Mauseloch verkriechen, so peinlich ist mir die Situation.
- ○ Irgendwie kann ich mich rausreden.
- ○ Ich schiebe die Schuld auf andere.
- ○ Ich verschwinde ganz schnell aus dieser Lage und nehme Abstand.
- ○ Ich merke sofort, dass ich übers Ziel hinausgeschossen bin, und entschuldige mich.
- ○ Ich suche nach einer Gelegenheit, mich allein zu erklären.
- ○ Wir reden erst mal in der Gruppe miteinander, wie wir damit umgehen.

In welchen Situationen hast du schon mal über jemanden gelästert?

1. ....
2. ....
3. ....

IST ÜBER DICH SCHON MAL GELÄSTERT WORDEN UND WIE HAST DU REAGIERT?

○ Glück gehabt, ich habe noch nie mitbekommen, dass über mich gelästert wird.

○ Das ist tatsächlich schon mal passiert.

○ Über mich wird oft gelästert.

__ Ich tu so, als ob ich das nicht mitkriege.

__ Ich muss dann vor allen weinen.

__ Ich zieh mich zurück, damit keiner sieht, wie mich das trifft.

__ Ich such mir Leute, die nicht mitgelästert haben.

__ Ich mach die sofort fertig und räche mich mit anderen Lästerattacken.

Wer lästert mehr über dich: ○ Jungen oder ○ Mädchen?

Und von wem trifft dich das mehr? ○ Jungen oder ○ Mädchen?

In welchen Situationen ist über dich gelästert worden?

1. ....

....

2. ....

....

3. ....

....

FRUST ABLASSEN

Immer cool bleiben und dabei lächeln, geht auch nicht. Also lass mal deine Wut raus und spüle die Lästerschwestern das Klo runter. Schreib alle Namen, die momentan den Abgang machen können, auf den Toilettendeckel!

So kann man sich gegen Lästereien wehren!

Geh mal in dich und überlege, wie du dich in Lästersituationen benimmst. Lass dich dafür von folgenden Tipps inspirieren.

* **Erwarte nicht von dir, dass dir sofort ein cooler Spruch einfällt.** Meist kommt eine gute Idee erst später, wenn du in Ruhe über die Situation nachdenkst.
* **Sag erst mal gar nichts,** damit du den anderen nicht noch mehr Angriffsfläche bietest.
* **Stell dich zu anderen,** denn einer allein ist besser zu dissen als eine ganze Gruppe.
* **Versuch zu erkennen, warum gelästert wird.** Meist passiert das, weil jemand die Oberhand behalten will. Wer andere mit seinen Worten erniedrigt, will sich selbst besser fühlen. Oft steckt auch nur Neid hinter solchen Attacken.
* **Lass dich nicht klein machen!** Auch wenn die Lästereien wehtun, schenke ihnen keinen Glauben und stärke dein Selbstbewusstsein!

Es gibt zwei Möglichkeiten, mit Lästereien umzugehen.

1. **Tu so, als würde dir das Lästern nichts ausmachen!** Wenn die Lästerschwestern merken, dass du ruhig bleibst, verlieren sie das Interesse an dir. Dafür brauchst du Nervenstärke und Geduld. Aber pass auf, wenn du dich wirklich gemobbt fühlst. Dann vertrau dich einem Erwachsenen an, der dir helfen kann.
2. **Du willst dich wehren? Das kann auch guttun und den anderen zeigen, dass sie nicht alles mit dir machen können.**
   Gerade dann, wenn das Lästern von den eigenen Freundinnen kommt.

KURZ UND KNAPP

Ein lockerer Spruch, z.B. abends per Smartphone oder als E-Card an die Lästerschwestern geschickt, kann ein Statement sein.

An alle, die über mich lästern:
I love to entertain you!

Ich bin, wie ich bin.
Die einen kennen mich,
die anderen können mich.

Willst du klüger als die anderen sein?
Dann beteilige dich nicht an Lästereien!

Lästern kann jeder, schwer ist es nicht.
Doch versuch mal zu schweigen,
wenn jeder spricht.

Ich muss euch nicht gefallen,
ich bin kein Facebook-Status.

VERSÖHNUNG IST ANGESAGT

Wenn Menschen über dich lästern, die dir egal sind, dann gib nichts drauf und lass sie links liegen. Wenn deine Freundinnen einen Fehler gemacht haben, dann gib ihnen die Chance, das zu klären. Denk dran, auch du hast sicherlich mal gelästert und dir über die Folgen, wie das ankommt, keine richtigen Gedanken gemacht.

Zieh dich eine Weile zurück und zeig ruhig, dass dich das Lästern getroffen hat. Wenn es echte Freundinnen sind, wissen sie, was zu tun ist.

Bist du selbst eine Lästerschwester gewesen, dann habe den Mut, dich zu entschuldigen. Erzähle, warum du hinter dem Rücken deiner Freundin getratscht hast. Es gibt meist gute Gründe, warum du dich über sie geärgert hast. Ein klärendes Gespräch zu zweit oder in der Gruppe führt euch sicherlich wieder zusammen.

Und ein kleines Versöhnungsgeschenk bewirkt oft Wunder:

Armband mit Kronkorken

Du brauchst dafür:

* zwei Lederbänder oder Kordeln
* zwei Kronkorken
* Leim
* je ein Porträtfoto von dir und deiner Freundin in der Größe des Korkens
* zwei kreisrunde Ausschnitte einer stabilen Plastikfolie in der Größe des Kronkorkens
* kleine Zange, Nagel, Hammer
* eventuell Lackfarbe und Dekoperlen etc.

Mach's selbst!

Die Kronkorken müssen sauber und trocken sein, bevor du sie bearbeiten kannst. Schneide eure Fotos kreisrund in der Größe des Korkeninneren aus und klebe sie ein. Darauf legst du die passenden Plastikausschnitte, um die Fotos vor Schmutz und Wasser zu schützen. Die Ränder der Kronkorken werden dann mit der Zange nach innen gedrückt. Sei vorsichtig, damit sich die Korken nicht verformen. Mit einem Nagel und einem Hammer schlägst du ein kleines Loch in die Korken. Benutze dafür eine Unterlage, damit du den Tisch nicht beschädigst. Wenn du magst, kannst du die Korken mit farbigem Lack anmalen und danach auffädeln. Ein paar Perlen machen deine Freundschaftsarmbänder perfekt.

Sehe ich aus wie eine Bratwurst, oder wieso gibt hier jeder seinen Senf dazu?
Download-Code

WIE FRAU SELBSTBEWUSST SIE SELBST IST

Erwachsen zu werden und sich ein eigenes Bild von der Welt zu verschaffen, ist nicht leicht. Auch wenn man in einer glücklichen Familie aufwächst, will man sich irgendwann von den Vorstellungen der Eltern abgrenzen und eigene Erfahrungen machen. Ist man mit seiner Familie nicht so glücklich, ist das erst recht der Fall. Aber auch der äußere Rahmen, die Kultur, die Religion, die Mode oder die Musik schreiben einem oft vor, wie man sich zu benehmen und zu verhalten hat. Wenn man auf Regeln verzichten möchte oder einfach nur seine eigene Meinung vertreten will, braucht man Rückgrat. Denn aufrecht und selbstbewusst durchs Leben zu gehen, bringt einem nicht nur Freunde ein. Man muss lernen, mit Kritik umzugehen, darauf zu reagieren und seine Meinung zu überdenken. Mit Gewalt an der eigenen Meinung festzuhalten, ist nicht richtig. Aber immer nachzugeben und sich der Allgemeinheit anzupassen, macht einen Menschen klein und unsichtbar.

Mädchen haben als Teenager ihre ganz eigenen Probleme. Auch wenn sie den Jungs in Deutschland gleichgestellt sind, müssen sie sich öfter mal richtig durchbeißen. Mädchen hinterfragen sich auch gern: Bin ich schön, zu dünn, zu dick, zu groß, zu klein? Selten fühlen sie sich richtig wohl in ihrer Haut. Statt ihre Vorzüge zu genießen, wiegen die Nachteile, die sie selbst fühlen, meist schwerer. Mädchen sind oft viel kritischer als Jungs, vor allem untereinander. Da hilft oft nur, sich aufrecht hinzustellen, einen Panzer anzulegen und zu sagen:

Sei du selbst, denn die anderen gibt es schon.

WER, WIE, WAS BIN ICH?

Welches Bild oder welche Bilder beschreiben dich am besten?

○

○

○

○

○

○

○
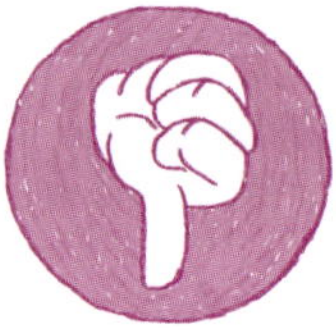
○

○

○

○
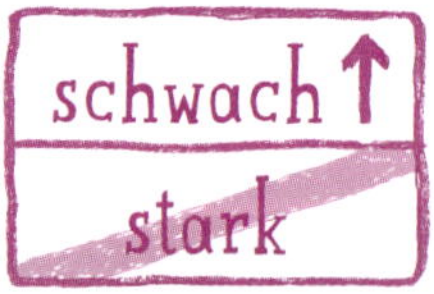

○

○

○

○

○

SELBSTEINSCHÄTZUNG

○ Kannst du gut deine Meinung vertreten oder

○ passt du dich lieber der allgemeinen Meinung an?

In welchen Bereichen des Lebens vertrittst du selbstbewusst deine Meinung?

○ Ungerechtigkeit ○ Musikgeschmack ○ Mode
○ Sport ○ Politik ○ Religion ○ Kunst
○ .... ○ ....

Wo fühlst du dich sicher, selbstbewusst aufzutreten?

○ zu Hause ○ in der Schule ○ im Freundeskreis
○ im Sportverein ○ im Internet
○ .... ○ ....

Wie gehst du mit Kritik um?

○ Mir kann jeder alles sagen. Ich bleib bei meiner Meinung!

○ Ich überdenke schon meine Meinung, bleibe aber meist dabei.

○ Ich habe kein Problem damit, bei guten Argumenten nachzugeben.

○ Ich bin schnell beleidigt.

○ Die anderen werden schon recht haben, wenn sie mich kritisieren.

○ Ich muss sofort anfangen zu weinen.

○ Ich höre gar nicht hin, wenn mir jemand was sagen will.

○ ....

VERSTECKEN

Wenn du dich unsicher fühlst, wo würdest du dich am liebsten verstecken?

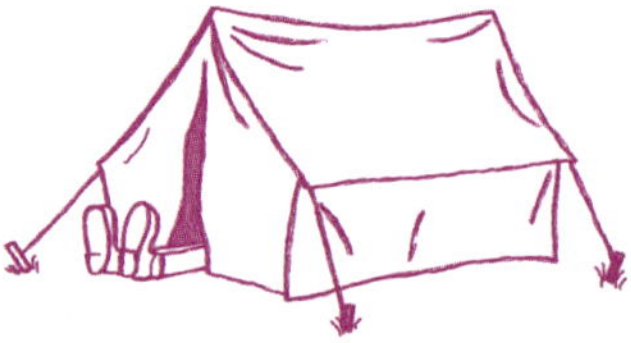

OHNE WORTE

Zeichne Bilder, die für dich Selbstbewusstsein und Stärke ausstrahlen

MUT UND ZIVILCOURAGE

Seine Meinung zu vertreten, erfordert viel Mut. Schreibe auf, in welchen Situationen du die Kraft aufgebracht hast, anderen deine Meinung zu sagen, auch wenn du wusstest, dass das nicht gut ankommt!

So kannst du dein Selbstbewusstsein stärken

Selbstbewusstsein zu haben, ist gar nicht so leicht, wenn man noch auf der Suche nach sich selbst ist. Auch nicht jedes Mädchen muss nach außen vor Kraft strotzen, immer fröhlich sein und munter jedem seine Meinung offenbaren. Man kann auch still in der zweiten Reihe stehen, man muss aber damit zufrieden und glücklich sein. Wenn du darunter leidest, dass du dich meist nicht traust, deine Meinung zu sagen, oder dass dir jeder ungefragt seine Meinung aufquatscht, dann können dir diese Tipps helfen.

* **Zeig der Welt,** dass du eine eigene Meinung hast, sonst wirst du zu oft untergebuttert und man nimmt dich nicht ernst.
* **Über Geschmack lässt sich nicht streiten.** Wenn du also nicht auf die Musikcharts stehst, sondern lieber Volksmusik, Klassik oder Heavy Metal hörst, dann ist das gut so.
* **Genau so verhält es sich mit der Mode**. Es ist weder eine Frage des Geldes noch des Geschmacks, seinen eigenen Stil zu haben.
* **Sei offen für eine andere Meinung.** Höre dir die Argumente an und mach dir ein eigenes Bild.
* **Klopfe nicht hohle Sprüche über Politik,** sondern trage dir dein Wissen aus verschiedenen Quellen zusammen.
* **Glaub nicht alles,** was du in bunten Blättern oder im Netz liest. Auch echte Vorbilder haben Schwächen – denn auch sie sehen nicht immer nur toll aus und haben viel Geld.
* **Gute Freunde hören auch DIR mal zu.** Eine Clique ist nur dann gut, wenn sie aus verschiedenen Charakteren besteht.

Sei immer du selbst, es sei denn, du kannst ein Einhorn sein, dann sei ein Einhorn!

DEIN STATEMENT

Entwerfe ein T-Shirt mit einem Spruch oder einem Bild, das allen deine Meinung zeigt.

DIE KÖNNT IHR SELBER ESSEN!

Male eine Bratwurst mit ganz viel Senf, den andere immer dazugeben, und biete genau den Leuten diesen Leckerbissen an!

ÜBER SICH HINAUSWACHSEN

Schreibe in den Stern etwas, was dir wichtig ist und was du dich noch nie getraut hast zu sagen. Dann male darüber ein Feuerwerk, sodass es jeder sehen kann!

Download-Code

LIEBESKUMMER TUT WEH!

Liebe verleiht Flügel. Wenn man verliebt ist, kann man meist an nichts anderes mehr denken als an den einen Jungen. Erst recht, wenn die Liebe auf Gegenseitigkeit beruht. Leider kann man auch fürchterlich abstürzen, wenn man Liebeskummer hat. Ist man unglücklich verliebt, dann fühlt sich das an, als wäre man gelähmt. Dazu kommen Wut, Trauer und Selbstzweifel. Alles kreist um den Gedanken: „Warum, weshalb, wieso“, und im schlimmsten Fall: „Was hat das andere Mädchen, was ich nicht habe?“

Erschwerend kommt dazu, dass Mädchen und Jungs unterschiedlich mit ihren Gefühlen umgehen. Mädchen können meist offener darüber reden, was sie fühlen, und das auch zeigen. Was allerdings nicht heißt, dass Jungs das nicht auch können oder wollen. Aber von ihnen wird oft erwartet, dass sie cool sind. Jungs, die liebevol sind und offen ihre Gefühle zeigen, werden schnell als Softies ausgelacht.

Bei Liebeskummer gibt es kein Patentrezept. Das Einzige, was wirklich hilft, ist, Zeit verstreichen zu lassen und sich abzulenken. Und die Augen offen halten für Mr. Right.

Denn eins ist klar:

FROSCHKÖNIG!

Male einen Frosch, küsse ihn und wirf ihn an die Wand.
Vielleicht wird's dein Traumprinz.

TRAUMPRINZ GESUCHT

Schreibe auf, wie du dir deinen Traumprinzen vorstellst! Wie muss er aussehen und welche Eigenschaften sollte er besitzen?

LIEBESGLÜCK UND HERZSCHMERZ

In wen warst du schon verliebt?

1. ....
2. ....
3. ....
4. ....
5. ....
6. ....

Mit wem warst du dann auch zusammen?

1. ....
2. ....
3. ....
4. ....

Wer hat die Beziehung beendet, ○ du oder ○ ....?

Was war der Grund?

....

Bist du schon mal betrogen worden? ○ ja ○ nein

Hast du schon mal deinen Freund betrogen? ○ ja ○ nein

Wenn ja, mit wem? ....

Hat das dein Freund erfahren? ....

Wie reagierst du bei Liebeskummer?

○ Ich ziehe mich total zurück
○ Meinen Kummer kann jeder sehen
○ Äußerlich bleibe ich cool
○ Ich suche mir gleich den Nächsten
○ ....

Wie stehst du deiner Freundin bei, die Liebeskummer hat?

....

Welche Reaktion erwartest du von deinen Freunden und deiner Familie, wenn du Herzschmerz hast?

....

TOTAL VERLIEBT

Kritzle das Blatt voll mit Liebessymbolen!

STINKSAUER

Lass deine Wut, die du auf einen Typen hast, auf diesem Blatt raus!

PROBLEMBEZIEHUNG

Welche Gründe für einen Streit gab es schon mal in deiner Beziehung oder was war sogar der Grund für das Scheitern deiner Liebe?

- ○ Misstrauen
- ○ zu wenig Zeit
- ○ seine Eifersucht
- ○ keine gemeinsamen Interessen
- ○ meine Freunde
- ○ meine Eltern
- ○ er hat mich betrogen
- ○ er wollte Sex, ich noch nicht
- ○ meine Eifersucht
- ○ Entfernung
- ○ seine Freunde
- ○ seine Eltern
- ○ ich habe ihn betrogen

- ○ ....
- ○ ....
- ○ ....
- ○ ....
- ○ ....
- ○ ....

RACHEGELÜSTE

Hast du dich schon mal gerächt, nachdem du von deinem Liebsten belogen oder betrogen wurdest? Was hast du dann geplant oder sogar ausgeführt?
Wenn nicht, wie würden deine Rachepläne aussehen?

Erste Hilfe bei Liebeskummer

Leider gibt es gegen Herzschmerz keine Medizin. Um mit einem Verlust klarzukommen oder zu akzeptieren, dass man nicht widergeliebt wird, braucht man viel Kraft, Zeit, Hilfe von guten Freunden und Verständnis der Familie.

* **Versuche, wenn du betrogen wurdest,** deine Rachegelüste im Zaum zu halten. Rache ist ein kurzzeitiges Glücksgefühl, das nie lange anhält und dir meist nicht guttut.
* **Liebeskummer sollte man mit sich und seinen Freunden ausmachen.** Es hat wenig Sinn, den Exfreund mit Nachrichten zu bombardieren.
* **Finde einen Weg,** trotzdem deine Trauer und vielleicht auch deine Wut ausdrücken zu können:
    - # Schreibe deinem Ex oder dem Typen, in den du verliebt bist, einen Brief, schicke ihn aber nicht ab.
    - # Kopiere alle Nachrichten von ihm in einen Ordner und speichere diesen ab, damit du sie nicht ständig lesen kannst.
    - # Schicke ihm sein Eigentum zurück, ohne großen Kommentar dazu.
    - # Vernichte nicht Erinnerungen an ihn, sondern packe Fotos und Geschenke in einen Karton und gib ihn vorübergehend einer Freundin, die ihn für dich aufbewahrt, bis der schlimmste Schmerz vorbei ist.
* **Lenke dich ab** mit Dingen, die dir guttun.
    - # Vermeide in der ersten Zeit Liebesfilme oder Treffen mit glücklichen Paaren, bei denen du das Gefühl hast, das fünfte Rad am Wagen zu sein.
    - # Stopf nicht den ganzen Kühlschrank in dich rein, aber iss, was dir schmeckt.
    - # Geh mit Freunden raus und hab kein schlechtes Gewissen, wenn du mal Spaß hast.
    - # Shoppen heilt keinen Schmerz, tut aber trotzdem gut.

DU KANNST MICH MAL!

Klebe ein Foto auf oder male ein Bild von dem Typen, auf den du sauer bist, und verpass ihm eine Fratze!

QUIZ 3

LIEBESPAARE

Verbinde die Namen der Promis oder Figuren, die Liebespaare sind oder mal waren. Die Lösung findest du ganz hinten im Buch.

Mila Kunis

Tarzan

Selena Gomez

Susi

Jessica Biel

Robert Pattinson

Ashton Kutcher

Michelle Hunziker

Kristen Stewart

Lady Gaga
Taylor Kinney
Angelina Jolie
Jane
Kate Middleton
Tomaso Trussardi
Prince William
Brad Pitt
Justin Bieber
Justin Timberlake
Strolch

GIB DICH HIN!

Schreibe eine Liste mit Songs, die du bei Liebeskummer hörst!

1.

2.

3.

4.

5.

6.

7.

8.

9.

10.

11.

12.

13.

14.

15.

16.

17.

18.

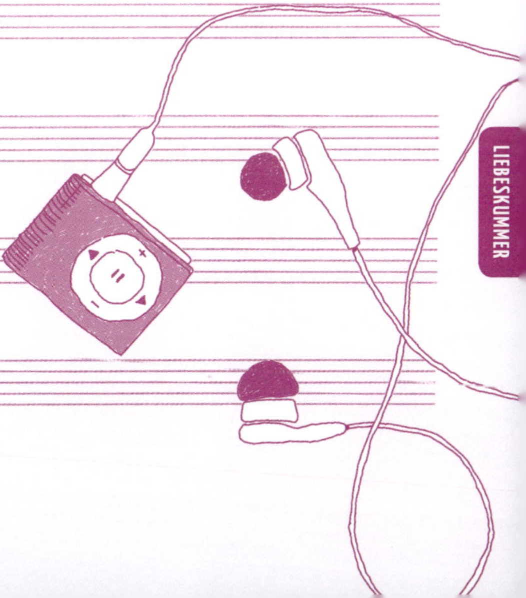

SCHREIBE SPRÜCHE ZUM THEMA JUNGS UND LIEBESKUMMER AUF!

DAS SCHLIMMSTE AN LIEBESKUMMER IST, DASS DIR KEINER HELFEN KANN AUSSER DER MENSCH, DER ES NIEMALS TUN WIRD.

Download-Code

Ich esse nicht einfach nur Süßes. Ich gebe Kalorien ein Zuhause.

DAS ELEND MIT DER FIGUR, DER MODE UND DEM SPORT

Es gibt kaum ein Mädchen, das mit seinem Aussehen oder seiner Figur rundum zufrieden ist. Ist man zu dünn, will man mehr Kurven haben. Hat man mehr drauf, will man dünner sein. Ist der Busen zu groß, versteckt man ihn unter weiten T-Shirts. Ist er zu klein, wird er mit Push-up-BHs größer gemacht. Ist das Haar lockig, findet man glattes toll, und die Schwarzhaarigen wollen gern mal blond sein und umgekehrt.

Jungs nehmen ihr Äußeres in der Regel selbstbewusster hin, obwohl auch das männliche Geschlecht inzwischen modebewusster ist, Kosmetik benutzt und im Bad länger braucht.

Mädchen sind sich selbst die härtesten Kritikerinnen. Dazu kommt das Modediktat, das ihnen sagt, wie sie unbedingt auszusehen haben, um bei anderen gut anzukommen. Zum Schluss müssen sie den kritischen Blick anderer Mädchen aushalten, die oft mit schärferer Zunge kommentieren als Jungs – mal offen ins Gesicht gesagt und häufig hinter dem Rücken.

Sich gegen diesen Druck von außen selbst zu mögen, ist für Mädchen nicht leicht. Natürlich kann man mit Sport und gesunder Ernährung Schwächen korrigieren, natürlich macht Mode Spaß und natürlich braucht man den Rat von Freundinnen in Sachen Styling, aber zuerst sollte man mit sich selbst zufrieden sein. Gut auszusehen, sich modisch anzuziehen und seinen eigenen Stil zu finden, ist keine Frage von Kleidergröße, Haarfarbe oder Geld, sondern von Selbstbewusstsein, Unabhängigkeit und Geschick.

Fotos von himmlisch aussehenden Promis sind Momentaufnahmen oder sogar mit Photoshop bearbeitet. Und auch das hippste Mädchen der Schule kriegt mal einen Pickel.

Fühl dich einzigartig, denn:

Man kann nie jemanden überholen, wenn man nur in dessen Fußstapfen tritt.

SELBSTBETRACHTUNG

Fühlst du dich in deinem Körper wohl?

○ ja ○ nein ○ hängt von meiner Stimmung ab

○ ....

Was magst du an deinem Aussehen?

1 .... 2 ....

Was würdest du gern an deinem Aussehen ändern?

1 .... 2 ....

Was machst du dafür oder würdest es gern tun?

○ Diät ○ Sport ○ Kosmetische Operation ○ Zaubern

Wer sind deine Vorbilder in Sachen Mode und Styling?

....

Wie viel Geld gibst du im Monat für Klamotten und Kosmetik aus?

....

Wie viel Sport treibst du in der Woche?

○ jeden Tag ○ 2-3 mal die Woche ○ am Wochenende

○ nur in der Schule

Auf welche Mahlzeit kannst du nicht verzichten?

○ Frühstück ○ Mittagessen ○ Abendbrot ○ Mitternachtssnack

Bist du

○ ein Genussmensch ○ eine Kalorienzählerin

○ eine Auf-gesunde-Ernährung-Bedachte

○ eine Essen-ist-mir-egal-Denkerin

○ ....

KOSMETIK

Schreibe oder male auf, was zu deiner täglichen Kosmetikbehandlung gehört!

Welche Kosmetika benutzt du fürs Ausgehstyling?

....

....

....

....

Auf welche drei Kosmetikutensilien oder Hygieneartikel könntest du nie verzichten?

1 ....

2 ....

3 ....

DAS GEHT GAR NICHT

Kreuze an, was für dich Modesünden sind, die du nie anziehen würdest!

QUIZ 4

DIE FASTFOOD-FALLE

Fastfood, Chips, Schokolade und gesüßte Getränke kann man sich in Maßen ruhig mal gönnen. Wer sich ständig davon ernährt, darf sich jedoch nicht über ungewollte Pfunde wundern. 2200 kcal am Tag sollte ein Mädchen zwischen 10-18 Jahren zu sich nehmen. Alles andere sorgt für Speckröllchen.

Sortiere die Nahrungsmittel (je 100 g) von 5 bis 1 nach der Anzahl ihrer Kalorien. 5 hat die meisten, 1 die wenigsten Kalorien. Die Lösung findest du am Ende des Buchs.

A.

B.

C.

Wie Mädchen sich selbst schön finden können

Damit man anderen gefällt, muss man sich selbst schön finden. Jeder Mensch hat Ecken und Kanten und denkt, dass ihm manches nicht steht oder passt. Wer ernsthaft seelisch und körperlich unter seinem Aussehen leidet, sollte sich Rat bei Ärzten und Psychologen holen. Ansonsten reichen oft schon ein paar Tipps, um sich selbst besser annehmen zu können, und zwar genau so, wie man ist.

* **Versuche, deinen Körper zu mögen,** mit all seinen „Macken", und zieh dir nichts an, was nicht zu dir passt.
* **Lass dir bei einem normalen Gewicht nicht einreden,** du müsstest abnehmen, um einem Size-Zero-Schönheitsideal der Modeindustrie gerecht zu werden.
* **Shoppen ist eine teure Angelegenheit.** Für Abwechslung im Kleiderschrank kann auch ein Klamottentausch mit der Freundin sorgen.
* **Versuch nicht, wie die Shoppingqueen der Schule** oder ein Zeitschriften-Model auszusehen, sondern stell deine Besonderheit durch Kreativität heraus. Pimp deine Kleidung mit besonderen Accessoires wie Schmuck, Tüchern und selbst gemachten Details.
* **Versuch nicht, mit kurzzeitigen Diäten oder Abnehmpillen** dein Gewicht zu reduzieren. Damit schadest du nur deiner Gesundheit! Ernähre dich ausgewogen und beweg dich. Das ist eine lang anhaltende Abnehm- und Wohlfühlstrategie.
* **Fang an, Sport zu machen.** Das ist nicht nur gut fürs Gewicht, sondern sorgt für Glückshormone. Es muss nicht immer ein teures Fitnessstudio sein. Geh mit einer Freundin tanzen oder joggen, stepp auf einer Kiste vor dem Fernseher, leg eine Fitness-CD in deinen Laptop ein oder suche dir einen Sportverein, in dem du unter Menschen bist.
* **Achte auf dich und deinen Körper.** Partys und Action müssen in einem guten Verhältnis zu Ruhe und Entspannung stehen.

KÖRPERTYPEN

Nicht jeder Körper ist gleich. Das wäre ja auch langweilig! Mach den Bodycheck und finde heraus, welcher Körperform du entsprichst und welche Art von Klamotten dir besonders gut stehen.

Egal welcher Typ du bist, finde dich und deinen Style einfach gut!

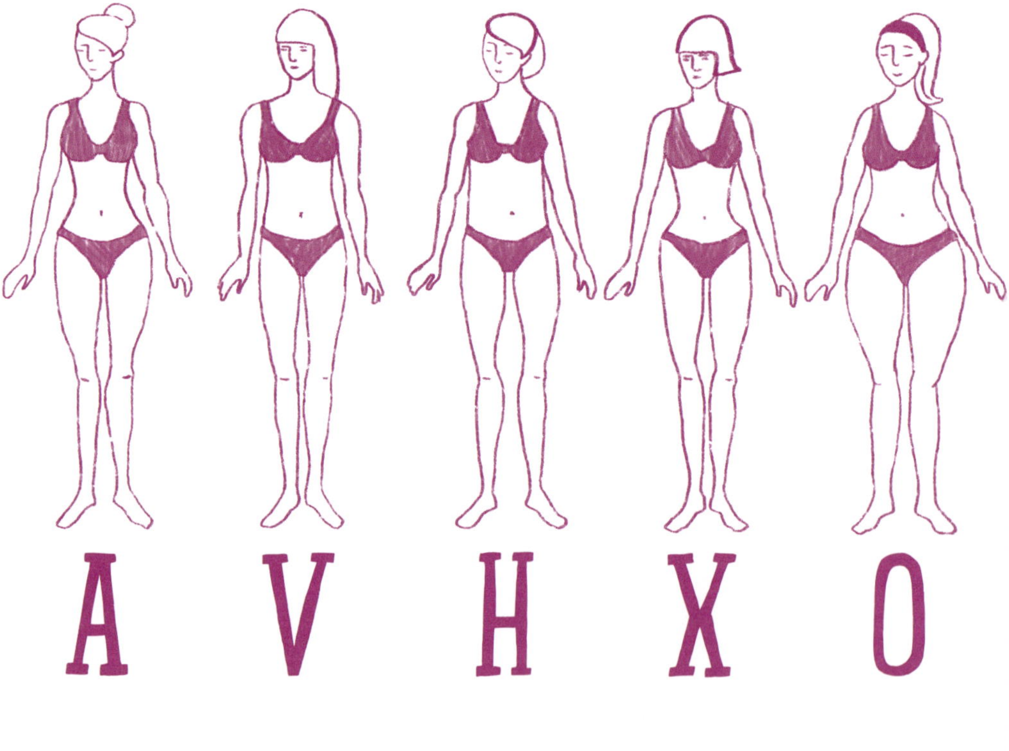

A V H X O

Ich bin ein ....-Typ!

Körpertyp	Das passt	Das geht eher nicht
A	Weite Oberteile mit Ausschnitt in hellen Farben. Hosen und Röcke sollten einen geraden Schnitt haben, einfarbig und dunkel sein.	Besser keine Stretchröcke und breite Gürtel
V	Lange und einfarbige Oberteile mit V-Ausschnitt. Hosen und Röcke können hell und gemustert sein. Die Taille kann mit breiten Gürteln betont werden.	Keine Betonung des Schulterbereichs, also kein U-Boot-Ausschnitt
H	Vorteilhaft wirken gerade Oberteile, die nicht tailliert sind. Damit die Körperlänge betont wird, eignen sich Farbtöne aus derselben Familie.	Auf Muster- und Farbenmix sollte verzichtet werden
X	Die Oberteile können alle Farben haben, sollten aber mit Blusen oder taillierten Jacken kombiniert werden. Enge Hosen und Röcke sehen mit einem hohen Bund besonders vorteilhaft aus.	Zu enge Oberteile betonen eventuell die Oberschenkel.
O	Lange, fließende Pullover und Tuniken mit Ausschnitt stehen diesem Typ besonders gut. Dazu lange Ketten und Ohrringe und hohe Stiefel.	Keine 3/4-Hosen oder kurze Oberteile, denn die verkürzen die Körperlänge.

DAS PASST UND SIEHT GUT AUS!

Male eine Figur mit deinem Körpertyp und die dazu passenden Klamotten!

AUF DIÄT

Frauenzeitschriften und das Internet sind voll mit Diätvorschlägen und dem Versprechen, innerhalb weniger Tage viele Kilos abzunehmen. Natürlich kann man sein Gewicht vorübergehend reduzieren, aber wenn man an seinen Ernährungsgewohnheiten generell nichts ändert und keinen Sport treibt, hat man die ungewollten Kilos mit dem „Jojo-Effekt" ganz schnell wieder drauf.

Welche dieser Diäten klingen für dich besonders absurd?

- O Kohlsuppen-Diät
- O Rohkost-Diät
- O Abnehmen-im-Schlaf-Diät
- O LowFat-Diät ***
- O Babynahrungs-Diät
- O Schoki-Diät
- O Apfelessig-Diät
- O ....
- O Le Forking *
- O Sauerkraut-Diät
- O LowCarb-Diät **
- O ....

* (nur mit Messer und Gabel essen, keine Löffel benutzen)

** (wenig Kohlenhydrate, also keine Nudeln und Kartoffeln, kein Reis und Brot etc.)

*** (keine Fette)

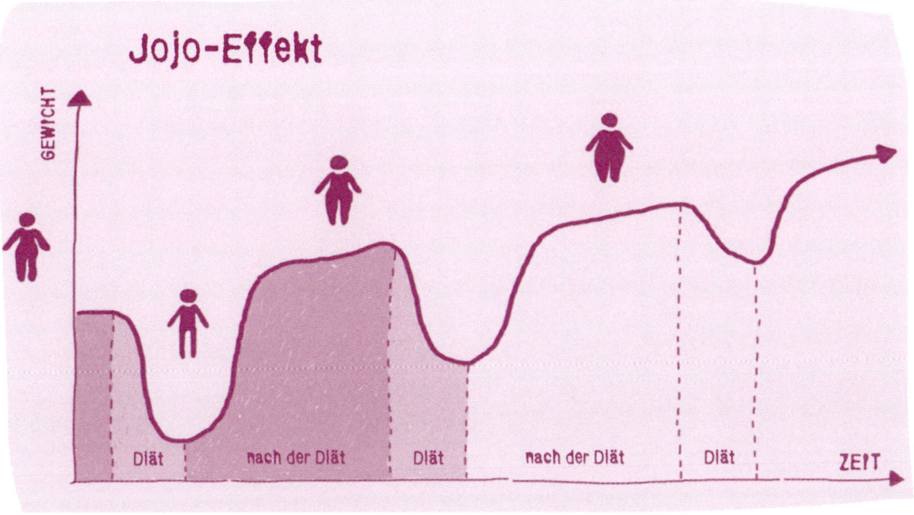

Die üblen Tage

Es gibt keine Regel für die Regel. Jedes Mädchen reagiert anders. Einige haben keinerlei Beschwerden, anderen geht es richtig schlecht. Die Regel kündigt sich meist schon Tage vorher mit Unwohlsein und vermehrten Pickeln an. Ist die Blutung dann da, sind besonders die ersten Tage oft mit Krämpfen, Übelkeit und Kopfschmerzen verbunden. Wer darunter besonders leidet, kann mit einfachen Tricks zumindest eine Linderung erreichen. Wenn gar nichts hilft, sollte man das Problem mit einem Frauenarzt klären.

1. **Entspannung:** Bei Schmerzen werden Muskeln und Nerven angespannt. Versuch's mal mit Entspannungsübungen oder Yoga. Das macht dich lockerer.
2. **Wärme:** Eine Wärmflasche und ein bisschen Ruhe entspannen die Gebärmutter. Warme Wannenbäder regen die Blutung eher an und belasten den Kreislauf.
3. **Bewegung:** Wer generell sportlich ist, hat eine gute Muskulatur, und das macht sich auch während der Regel bemerkbar. Die Gebärmutter verkrampft sich nicht so stark und man hat weniger Schmerzen.
4. **Tee:** Heilkräuter wie Pfefferminze, Spitzwegerich, Kamille, Melisse etc. wirken entspannend und krampflösend. Es gibt auch in der Apotheke oder im Drogeriemarkt fertige Mischungen, die man während der Regel mehrmals täglich trinken sollte.
5. **Pause:** Giftstoffe wie Nikotin, Alkohol, zu fettes oder salziges Essen sollte man sowieso meiden. Wenn du deine Regelschmerzen loswerden willst, verzichte am besten ganz darauf und gönne dir lieber ein paar Stresspausen zu Hause.

Kennst du einen Geheimtipp?

....

....

....

SPORT IST DIE BESTE MEDIZIN

QUIZ 5

Wenn man ein paar Pfunde loswerden oder sich einfach fit und gesund fühlen will, muss man Sport treiben. Um zu entspannen, kannst du aber auch erst mal dein Sportwissen testen! Die Lösung findest du am Ende des Buchs.

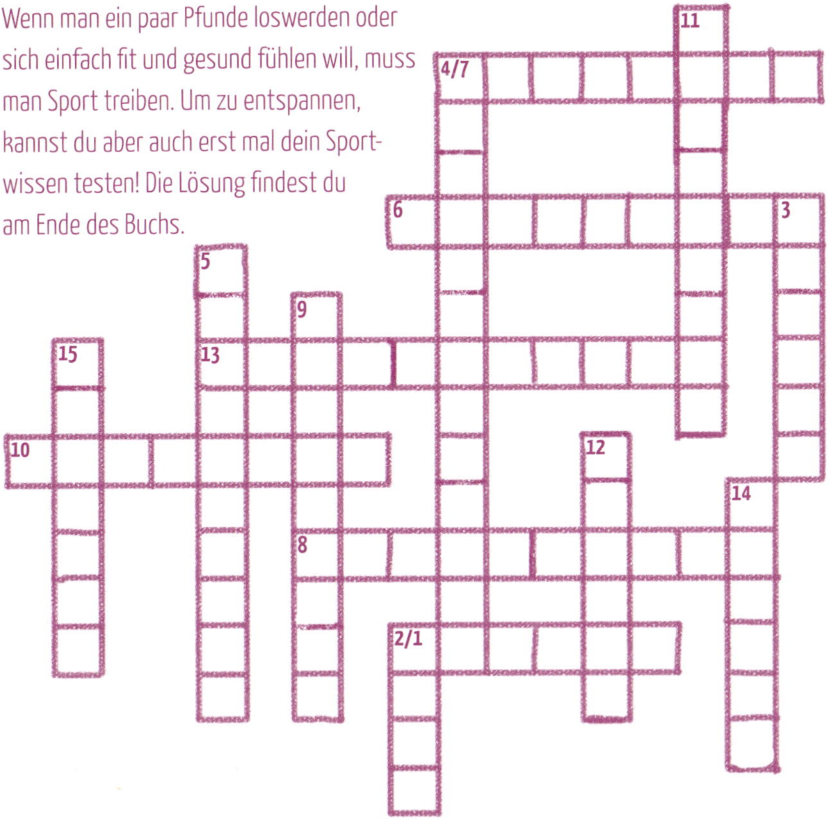

1. Draußen laufen | **2.** Japanische Kampfsportart | **3.** Schwimmart, nach einem Tier benannt **4.** Ort für sportliche Aktivität | **5.** Ballsportart | **6.** Wintersportgerät | **7.** Amerikanische Nationalsportart | **8.** Spielklasse des deutschen Fußballs | **9.** Anderes Wort für Badminton **10.** Strafstoß beim Fußball | **11.** Ausdauersportart auf zwei Rädern | **12.** Gehen mit zwei Stöcken | **13.** Kraftübung für die Armmuskulatur | **14.** Zur Musik bewegen | **15.** Alternative zu Rollschuhen

Download-Code

PROBLEME MIT UND IN DER VIRTUELLEN WELT

Sich in der digitalen Welt zu bewegen, ist für junge Menschen eigentlich überhaupt kein Problem. Sie wachsen mit Computern und Smartphones auf. Meist stressen nur die Eltern oder Lehrer, dass man viel zu viel Zeit im Netz verbringt, kein Bücherlexikon mehr benutzt und nicht im Atlas nachschlägt, wo der Urlaubsort liegt, weil das Navi einen sowieso zielsicher hinbringt.

Spätestens mit zwölf Jahren nutzen Teenager soziale Netzwerke zum Austausch von Informationen, um sich zu verabreden oder einfach zum Chatten. Die ältere Generation kann das oft schwer nachvollziehen. Sie sind aufgewachsen mit Telefon, Faxgerät und Nachschlagewerken. Verabredungen mit Freunden wurden nach Schulschluss von Angesicht zu Angesicht ausgemacht. Hatte man Stress mit Leuten oder wurde ausgegrenzt, wurde das persönlich geklärt.

Nachdem WhatsApp Facebook bei Jugendlichen in der Beliebtheitsskala längst überholt hat, trägt man auch die meisten Konflikte dort aus. Ob es der Zoff mit der Freundin oder dem Freund ist, der Nachrichten- und Fotoaustausch, die Verabredungen, Fragen nach Hausaufgaben oder verpasstem Schulstoff – alles wird über WhatsApp zu zweit oder in der Gruppe geregelt. Um bloß nichts zu verpassen, muss man immer ON sein. Auch um sich jeden Tag aufs Neue zu versichern, wer in welcher Gruppe ist, gar nicht in die Gruppe eingeladen oder im schlimmsten Fall entfernt wurde. Dieses Ausgrenzen hat eine neue Bedeutung, weil man nicht mehr jemandem in die Augen schauen muss, um ihm oder ihr zu sagen, dass man ihn oder sie nicht leiden kann. Im Netz bleibt man dabei ganz anonym.

Solange du auf die folgende Frage eine bessere Antwort weißt, als die, die dasteht, ist dein Umgang in und mit der virtuellen Welt noch o.k.:

Was ist der Sinn des Lebens? Weiß ich nicht, aber sicherlich gibt's dafür eine App.

ON/OFF

Welche elektronischen Geräte gehören dir persönlich?

○ PC ○ Laptop ○ Smartphone ○ Tablet

○ Handy ohne Internetzugang ○ gar keins

Benutzt du diese mit ○ Prepaidkarte oder hast einen ○ Vertrag?

Wer bezahlt das?

○ meine Eltern ○ ich von meinem Taschengeld

○ ich muss etwas dazugeben ○ ....

Welche elektronischen Geräte stehen dir zu Hause außerdem zur Verfügung?

○ PC ○ Laptop ○ Smartphone der Eltern

○ Tablet ○ ....

Ab welchem Alter durftest du ohne Aufsicht ins Internet? ....

Wann hast du dein erstes Smartphone bekommen? ....

Wie viel Zeit verbringst du täglich im Internet?

○ weniger als 1 Stunde ○ 1-2 Stunden ○ 3-5 Stunden

○ mehr ○ weiß ich gar nicht genau

Bist du den ganzen Tag ON?

○ fast immer ○ auch nachts ○ nur in der Schule nicht

○ eher selten ○ ....

Nimmst du das Smartphone überall mit hin? ○ natürlich ○ nein

Hast du deswegen manchmal Stress mit deinen Eltern?

○ oft ○ geht so ○ selten ○ nie

Bist du selbst damit zufrieden, wie du mit deinem Smartphone und dem Internet umgehst? ....

FÜR ALLES EINE LÖSUNG

**Für welche Zwecke nutzt du das Internet?
Markiere die entsprechenden Websites oder Begriffe und ergänze fehlende!**

- ◯ Apps runterladen
- ◯ Facebook
- ◯ Filme runterladen
- ◯ Fotos verschicken
- ◯ Freundschaften pflegen
- ◯ Kontakt knüpfen
- ◯ Langeweile
- ◯ Mails
- ◯ Modeberatung
- ◯ Musikstreaming
- ◯ Nachschlagewerke im Netz
- ◯ Navi
- ◯ Schminktipps
- ◯ Sexualität und Aufklärung
- ◯ Skype
- ◯ Spickzettel
- ◯ Spiele
- ◯ Suchmaschinen
- ◯ Twitter
- ◯ Übersetzungshilfen
- ◯ Wetter
- ◯ WhatsApp
- ◯ Wikipedia
- ◯ YouTube
- ◯ ....
- ◯ ....
- ◯ ....
- ◯ ....

MESSENGER UND SOZIALE NETZWERKE

Welche sozialen Netzwerke und Kommunikationsplattformen benutzt du?

○ WhatsApp ○ Facebook ○ Twitter

○ Skype ○ Snapchat ○ Hangouts

○ .... ○ Chatrooms wie ....

Wie oft wechselst du auf WhatsApp dein Profilbild und deinen Status?

○ mehrmals täglich ○ täglich ○ alle paar Tage ○ keine Ahnung

Wie viele Kontakte hast du auf deinem Smartphone? ....

Mit wie vielen schreibst oder chattest du regelmäßig? ....

Wie vielen Gruppen bist du beigetreten? ....

Wie viele Gruppen hast du gegründet? ....

Wie heißt deine Lieblingsgruppe? ....

Bist du schon mal aus einer Gruppe ausgetreten? ....

Bist du schon mal aus einer Gruppe ausgeschlossen worden?

....

Wozu benutzt du Messenger und Netzwerke am häufigsten?

○ Verabredungen ○ Schwatzen ○ Informationsaustausch

○ Lästern ○ Dissen ○ Hausaufgaben abfragen

○ eigene Stimmung mitteilen ○ nichts verpassen wollen

Nutzen Jungs WhatsApp anders als Mädchen? Und wenn ja, wie?

....

....

....

Beschreibe, welche Vorteile und Nachteile WhatsApp und Co. haben können!

BEFÜRWORTER:	GEGNER:
Messenger und soziale Plattformen haben den **Vorteil**, dass ...	Messenger und soziale Plattformen haben den **Nachteil**, dass ...

Damit das Internet ein Segen ist und nicht zum Fluch wird

Wenn man das Internet mit Grips und Verantwortung nutzt, dann ist es eine hilfreiche Sache. Digitale Medien und Kommunikation generell abzulehnen, ist eine einseitige Betrachtungsweise. Trotzdem muss man einige Dinge über das Netz wissen, damit man sich und anderen nicht schadet.

* **Denk dran, deine Accounts und Einstellungen zu pflegen** und Dinge zu löschen, die deine Chefs später besser nicht sehen sollten.
* **Stelle nur belanglose Informationen oder Fotos** öffentlich ins Netz – nie eine Einladung zur Party oder Ähnliches.
* **Freizügige Fotos haben im Internet nichts zu suchen.** Die Gefahr für den Missbrauch deiner Intimsphäre ist groß.
* **Um dich vor Hackern zu schützen,** die Zugriff auf die Webcam deines PCs bekommen können, klebe ein Stück Papier davor, wenn du sie nicht nutzt.
* **Gib nie Informationen über dich an Fremde heraus** und treffe dich nicht mit ihnen allein.
* **Glaub nicht alles, was im Internet steht.** Jede Website oder jeder Eintrag drückt eine persönliche und keine allgemeingültige Meinung aus. Informiere dich immer auf mehreren Seiten über ein Thema.
* **Beteilige dich nie an Mobbingaktionen,** sondern lehne sie entschieden ab!
* **Computer und Smartphones** sind sensible Geschöpfe, die gepflegt und aufgeräumt werden müssen. Ohne ein Anti-Viren-Programm solltest du nicht ins Internet gehen.
* **Wichtige Dateien müssen regelmäßig** auf Speichermedien wie einer externen Festplatte oder einer CD-Rom gespeichert werden, damit sie sicher sind, falls mal die Handy- oder Laptop-Festplatte kaputt geht.

DICH MACH ICH FERTIG!

Unter Jugendlichen gibt's öfter mal Streit. Man muss nicht jeden oder jede mögen und kann das auch sagen oder zeigen. Schwieriger wird es, wenn es über das übliche Dissen hinausgeht. Mal aus einer WhatsApp-Gruppe rausgeschmissen zu werden oder einen fiesen Facebook-Kommentar zu bekommen, muss man aushalten, auch wenn es wehtut. Was überhaupt nicht geht, ist im Netz einen Menschen richtig fertig zu machen, indem man ihn – meist anonym – bloßstellt, intime oder manipulierte Fotos von dieser Person postet oder sie bedroht und beleidigt. Das ist gemein, feige und im Ernstfall sogar eine Straftat. Mobbing kann für das Opfer seelische und körperliche Folgen haben. Wer Cybermobbing beobachtet, sollte eindeutig Stellung beziehen – auch wenn man das Opfer eigentlich nicht leiden kann. Als Mobbingopfer darf man sich das nicht gefallen lassen. Wenn man keinem in seiner Umgebung vertraut oder sich schämt, sollte man sich Hilfe bei Beratungsstellen oder Jugendämtern holen.

	NAME	NAME	NAME
Gibt es Außenseiter in deiner Klasse?			
Über wen machst du dich gern online lustig?			
Kennst du ein Cybermobbing-Opfer?			
Wer sind die Täter?			

SPRÜCHE AUS DEM NETZ

Schreibe deine Lieblingssprüche oder lustige Statusmeldungen aus dem Netz auf!

PER SMS SCHLUSS MACHEN IST BILLIG. PER WHATSAPP IST ES UMSONST.

Ich mache Fehler niemals zwei Mal. Lieber vier- oder fünfmal – nur, um ganz sicherzugehen!

BIN ICH HANDYSÜCHTIG?

Finde heraus, ob deine Handynutzung im normalen Rahmen liegt oder schon bedenklich ist!

	JA	NEIN
1. Ich bin 24 Stunden online erreichbar.	○	○
2. Ich habe immer das Gefühl, etwas zu verpassen.	○	○
3. Auch wenn ich mit anderen Leuten zusammen bin, schicke ich ihnen Nachrichten, obwohl ich sie direkt ansprechen könnte.	○	○
4. Mein Handy ist nie in einem anderen Raum als ich.	○	○
5. Wenn ich irgendwo ohne Internetempfang bin, werde ich nervös.	○	○
6. Die Handykosten übersteigen mein Taschengeld.	○	○
7. Wenn ich keine Nachrichten von meinen Freunden bekomme, werde ich unruhig.	○	○
8. Ich nutze das Handy auch beim Essen mit meiner Familie.	○	○
9. Ich checke auch im Unterricht oder im Kino ständig meinen Account.	○	○
10. Mir tut schon meine Hand weh vom vielen Tippen.	○	○

Wenn du mehr als drei Antworten bejahst, solltest du scharf nachdenken, ob du nicht etwas ändern müsstest.

MALE DEINE LIEBLINGS-ICONS!

SELBSTVERSUCH

Lass dich auf einen abenteuerlichen Selbstversuch ein und schalte für einen ganzen Tag dein Handy aus! Vielleicht kannst du eine Freundin dazu bewegen, das Gleiche zu tun. Beschreibe in Form von Smileys, wie du dich dabei fühlst!

Abgeschaltet am __.__.____ um __:__ Uhr

Angeschaltet am __.__.____ um __:__ Uhr

Zustand nach …				
30 Minuten:	○	○	○	○
1 Stunde:	○	○	○	○
2 Stunden:	○	○	○	○
5 Stunden:	○	○	○	○
8 Stunden:	○	○	○	○
10 Stunden:	○	○	○	○
14 Stunden:	○	○	○	○
18 Stunden:	○	○	○	○
24 Stunden:	○	○	○	○

Hast du 24 Stunden

- ◯ durchgehalten oder
- ◯ das Experiment nach ___ Stunden abgebrochen?

Welche Erkenntnis ziehst du aus diesem Versuch?

LÖSUNGEN

QUIZ 1 Brüderchen und Schwesterchen

Harry Potter: Ron und Ginny Weasley
Märchen: Brüderchen und Schwesterchen
It-Girls: Paris und Nicky Hilton
Schauspielerinnen: Mary-Kate und Ashley Olsen
Prinzen: William und Harry
Vampire: Emmett und Jasper Cullen
Bullerbü: Lasse und Lisa
Tokio Hotel: Bill und Tom Kaulitz
Prinzessinnen: Victoria und Madeleine
Models: Poppy und Cara Delevigne

QUIZ 2 Freundschaftstest

Auswertung:

51 – 60: Ihr seid wirklich beste Freundinnen. Man merkt, dass ihr euch wichtig seid. Ihr habt viele Gemeinsamkeiten, respektiert aber auch eure Unterschiede.

30 – 50: Bei euch läuft es gerade nicht ganz optimal. Ihr mögt euch sehr, aber irgendetwas stimmt nicht. Vielleicht wird es mal Zeit, dass ihr offen miteinander redet.

23 – 29: Zwischen euch scheint es mehr Streit als Freude zu geben. Da herrscht dringender Redebedarf und es steht eine Klärung an, was euch eure Freundschaft wert ist.

QUIZ 3 Liebespaare

Mila Kunis	Ashton Kutcher
Kristen Stewart	Robert Pattinson
Tarzan	Jane
Brad Pitt	Angelina Jolie
Susi	Strolch
Prince William	Kate Middleton
Michelle Hunziker	Tomaso Trussardi
Lady Gaga	Taylor Kinney
Selena Gomez	Justin Bieber
Justin Timberlake	Jessica Biel

QUIZ 4 Die Fastfood-Falle

A. Schokolade (**546 kcal**) – Chips (**530 kcal**) – Nuss-Nugat-Creme (**527 kcal**) – Schokokuss (**435 kcal**) – Weingummi (**330 kcal**)

B. Pommes frites (**299 kcal**) – Hamburger (**241 kcal**) – Pizza (**224 kcal**) – Döner (**215 kcal**) – Hotdog (**212 kcal**)

C. Kakao (**398 kcal**) – Vollmilch (**47 kcal**) – Limo (**40 kcal**) – Cola (**37 kcal**) – Leitungswasser (**0 kcal**)

QUIZ 5 Sport-Kreuzworträtsel

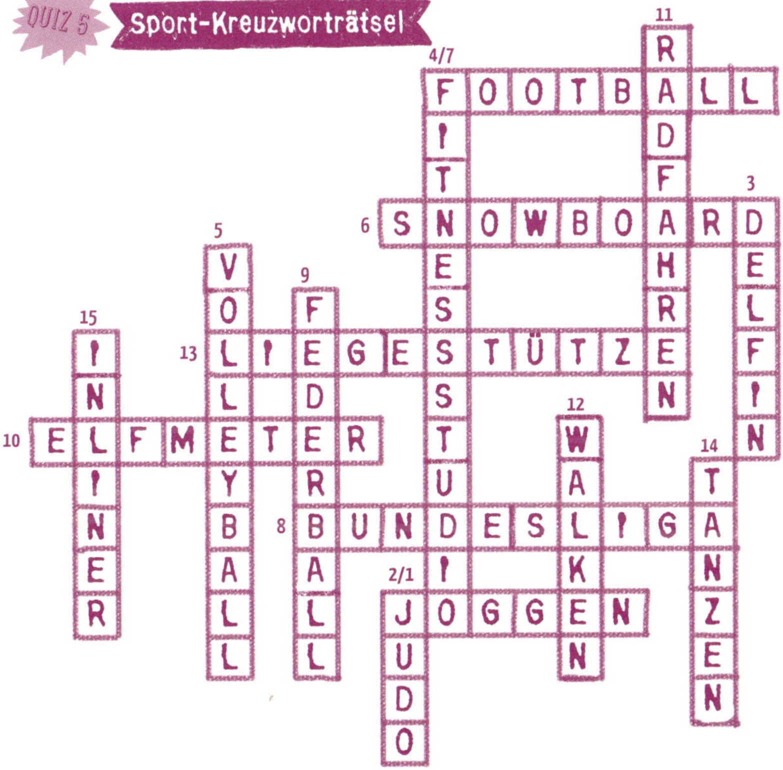

Domzalski, Bettina:
Mein Buch zum Dampfablassen und Reinkritzeln – mit genialen Tipps
ISBN 978 3 522 50470 6

Gesamtausstattung: Christiane Hahn und Christina Hucke, Frankfurt a. M.
Reproduktion: HKS-Artmedia GmbH, Leinfelden
Druck und Bindung: Livonia Print, Riga

MIX
Papier aus verantwortungsvollen Quellen
FSC® C002795

2. Auflage 2016

Bringt (endlich) Ordnung ins Leben!

Katrin Lankers
Mein Buch der Listen

192 Seiten · Flex Cover
ISBN 978-3-522-50347-1

To-do-Listen, Wunsch-Listen, Hit-Listen, Shopping-Listen, Rang-Listen, Telefon-Listen … unser ganzes Leben besteht aus Listen.
Große Glücksmomente, heimliche Wünsche, geniale Erinnerungen – das Buch der Listen bietet Platz für alles, was dir wichtig ist. Aber Vorsicht: Es bringt dich 1. zum Grübeln, 2. zum Staunen und macht dich 3. süchtig.

PLANET GIRL
Meine Welt voller Bücher!

www.planet-girl-verlag.de